문장 구조 분석을 통한
탄탄 기초 영문법

이정아 지음

어문학사

Introduction

대학생 대부분이 토익을 공부하고 있지만 실은 문법의 기초가 매우 약하고 문장 구조에 대한 기본 개념이 잡혀 있지 않다. 그렇다고 토익을 공부해야 하는데 계속 기초만 파고 있을 수도 없는 노릇이다.

많은 사람들이 착각하는 부분이 문법은 문법 시험을 위해서만 필요하고 회화나 작문은 문법이 필요 없다고 생각하지만 외국어로서 하는 회화는 입으로 하는 작문(Oral Composition)이라고 말할 수 있다. 물론 관용적 표현(Colloquial Expression) 같은 문법으로 다 설명되지 않는 부분도 있지만 대부분의 문장은 문법을 기초로 형성된다. 기초 문법을 공부하고 문장 구조를 분석할 수 있게 되면 수천수만 개의 문장을 만들어 낼수 있다. 그러므로 배운 문법을 이용해서 문장을 만들 수 없다면 문법을 제대로 이해한 것이라고 말할 수 없다. 문법을 아는 것은 마치 인체의 뼈대를 세우는 것과 마찬가지다. 어릴 때 언어를 배우면 의식적으로 문법을 공부하지 않아도 문장 구조를 자연스럽게 습득하지만 외국어로서 배우는 언어는 문법을 모르고 몇 마디만 따라 해서는 자신의 생각을 외국어로 표현할 수 있는 경지에 결코 다다를 수 없다.

한국어는 문장에서 조사를 통해 문법적 역할이 결정된다. 반면에 영어는 조사가 존재하지 않고 대신 문장에서의 위치에 따라 문법적 역할이 결정된다. 그러므로 문법을 공부할 때 문법을 위한 문법 지식으로만 그치는 것은 의미가 없고 문장의 구조를 파악하는 능력으로 이어져야한다.

지금까지 한국에서 행해진 문법교육에 대한 비판은 문법을 수용적 기술(Receptive Skill)로만 가르치고 회화나 작문 같은 생산적 기술(Productive Skill)에 적용하지 못한 데서 기인한다. 학생들이 회화나 작문에 문법을 적용하는 방법을 몰랐기 때문에 오랜 세월 동안 영어를 배웠음에도 불구하고 벙어리가 되는 어려움을 느낀 것이다. 그러므로 이 책에서는 문법을 공부함으로써 문법, 토익, 작문, 회화까지 일석사조를 꾀하고 있다. 문법은 문장의 뼈대를 이루는 기본 요소이므로 문법을 통해 문장 구조를 파악하고 토익과 작문까지 확장시키는 학습방법은 언어를 배우는 데 있어 매우 합리적인 접근 방식이라고 볼 수 있다.

이 책은 다섯 부분으로 구성되어 있는데 A. Key Grammar Pattern에서는 영어 문법 및 구조에 대한 설명을 하고 있다. B. Pattern Practice에서는 TOEIC에 나온 문장을 해당 문법에 대한 자세한 설명과 함께 문장 구조를 분석해 봄으로써 영어 문법에 관한 지식을 문장 분석에 어떻게 활용되는지 예시를 보여주고 학습하도록 한다. C. TOEIC HW에서는 앞에서 다루었던 문제와 유사한 TOEIC문제를 혼자 힘으로 풀어봄으로써 해당 문법에 대한 지식을 문장 구조 분석 능력으로 심화 학습할 수 있도록 한다. D. Sentence Building에서는 예문으로 나왔던 문장들을 영작해 보고 배운 문법을 복습하도록 한다. E. Sentence Building HW에서는 배운 문법을 활용하여 예문과 비슷한 구조의 문장을 직접 영작해 보도록 한다.

기존의 문법 학습에서는 문장을 읽고 해석하는 Receptive Skill만 강조하였지만 본 저서에서는 각 문법 패턴을 구조 분석하고 학습한 문장 구조를 이용하여 문장을 만드는 Productive Skill을 함양하는 데 초점을 두었다. 문법적 지식을 문법을 위한 문법으로 배우는 것이 아니라 토익 문제에 적용하고 문장을 만드는 데 활용함으로써 자신의 살아있는 지식이 될 수 있기를 바란다.

2020년 8월
이정아

Table of Contents

Unit 1

Sentence Structure
(문장의 5형식)

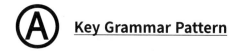
Key Grammar Pattern

1   문장 형식의 기본 요소

> 문장 형식의 기본 요소로는 주어, 동사, 목적어, 보어(주격보어, 목적격 보어)가 있다. 부사(구)나 형용사(구)는 문장 기본 요소에 해당되지 않는다. 문장 안에서 부사의 역할을 알고 구분할 수 있으면 문장 기본 요소만 남으므로 문장을 파악하기가 훨씬 쉬워진다.

1-1   부사의 역할

① 동사를 수식하는 역할
   · He runs fast.

② 형용사를 수식하는 역할
   · She is very pretty.

③ 다른 부사를 수식하는 역할
   · He runs too slowly.

④ 전치사구로 시간, 장소 등을 나타냄
   · We met at a cafe in 2019.

⑤ 부사절로 쓰임
   · He runs when he is in good mood.

⑥ 문장 전체 수식하는 역할
   · Unfortunately, he couldn't run fast.

영어의 모든 문장은 1형식부터 5형식으로 나눌 수 있고 문장 형식으로 문장을 분석하는 것을 구문론이라고 한다. 영어 문장을 구문에 따라 분석할 줄 알게 되면 TOEIC에서 요구하는 문장을 완성하는 능력이 크게 향상될 수 있다. 문장 형식은 크게 동사의 형태에 따라 나뉘는데 목적어가 필요한 동사를 타동사라고 부르고 목적어가 필요 없는 동사를 자동사라고 한다. 자동사는 보어가 필요하지 않은 경우 완전자동사, 보어가 필요한 경우 불완전자동사라고 부른다.

2   1형식: 『주어 + 동사(+부사구)』

주어와 동사만으로 의미가 통하는 문장으로, 완전자동사가 쓰인다. 주로 방법, 장소, 시간 등을 나타내는 부사구가 함께 쓰이는 경우가 많다.

완전 자동사는 주로 오고가다(go, come, leave, start, begin, arrive), 발생(arise, occur, happen), 존재(be, exist, lie(눕다), live)의 의미가 있다.

2-1   주어 + 동사

· The baby cried.

· A bird is singing in the tree.

· I go to school early in the morning.

2-2   There/here(유도부사)

There나 here는 유도부사라고 부르고 의미는 ~가 있다.

유도부사가 문장 앞으로 나오는 경우 주어와 동사가 도치(주어 동사의 순서가 뒤바뀜)된다.

There[here] + 동사 + 명사(주어)

일반 명사가 주어로 쓰이는 경우 주어 동사는 도치된다.

· There are some apples in the basket.

There[Here] + 대명사(주어) + 동사(~가 있다)

대명사가 주어로 쓰이는 경우 주어 동사는 도치되지 않는다.

· Here you are.

· 같은 be동사라도 문장에 따라 1형식으로 쓰일 때도 있고 2형식으로 쓰일 때도 있다. 그러므로 어떤 동사는 1형식 동사, 2형식 동사라고 단정해서 말할 수 없다.

3 　2형식: 『주어 + 동사 + 보어』

주어와 동사만으로는 의미가 통하지 않기 때문에 동사 뒤에 주어를 보충 설명하는 주격보어가 있어야만 완전한 뜻을 가지는 문장이다. 이러한 동사를 불완전자동사라고 부른다. 주격 보어로 명사와 형용사가 올 수 있다. 명사 대신 명사 역할을 하는 to 부정사, 동명사, 명사절이 오는 경우도 있다.

3-1　be동사 + 명사(to 부정사, 동명사, 명사절)가 오는 경우

'~이다, ~하는 것이다'의 의미이다.

· He is a doctor.

· His dream is to be an actor.

· His hobby is exploring world.

· The truth is that he is not honest.

3-2 be동사(keep, remain, lie, stay) + 형용사가 오는 경우

'~이다, ~한 상태이다'의 의미이다.

· He remains silence.

3-3 상태변화동사(become, come, go, get, grow, turn) + 형용사가 오는 경우

'~가 되다'라는 의미이다.

· Denise got tired after the test.

· Jack becomes a good doctor.

3-4 감각동사(taste, smell, sound, feel) + 형용사가 오는 경우

'~하다'의 의미

· She feels tired.

· This food smells good.

3-5 인식동사(look, seen, appear, prove) + 형용사가 오는 경우

'~처럼/~로 ~하다'의 의미.

· He looks healthy.

· He appears a good boyfriend.

4 3형식: 『주어 + 동사 + 목적어(+부사구)』

주어와 동사만으로는 완전한 문장이 되지 않아 목적어가 필요한 문장이며 이러한 동사를 완전타동사라고 부른다. 목적어로는 명사와 명사 역할을 하는 대명사, to 부정사, 동명사, 명사절이 온다.

4-1 목적어로 명사 및 대명사가 오는 경우

· Christina loves apples.
· She eats them every day.

4-2 목적어로 to 부정사 또는 동명사가 오는 경우

· I like to drink coffee.
· My sister enjoys reading books.

4-3 목적어로 명사절이 오는 경우

· I hope that you have a great time.

4-4 의미상 전치사가 올 것 같지만 전치사 없이 바로 목적어만 오는 경우

· approach, lay, reach, marry, discuss, enter, resemble

4-5 3형식에만 쓰이는 동사

· say, mention, explain

4-6 완전타동사처럼 쓰이는 two word verb

· put on, take off, put off, wake up, turn on, turn off, pick up

4-7 항상 to 부정사가 목적어로 쓰이는 동사

· want, wish, expect, hope, decide, plan, refuse, agree, need

4-8 항상 동명사가 목적어로 쓰이는 동사

· mind, enjoy, give up, admit, postpone, avoid, consider, stop, deny, finish, practice, quit, dislike

4-9 목적어 자리에 to 부정사 동명사 둘 다 올 수 있는 동사

· begin, start, like, love, hate, continue

4-10 목적어 자리에 to 부정사와 동명사가 왔을 때 뜻이 달라지는 동사

· remember, forgot, try

5　4형식: 『주어 + 동사 + 간접목적어 + 직접목적어』

주어, 동사 다음에 두 개의 목적어가 나오는 문장으로, 앞의 목적어를 간접목적어라고 하고, 뒤의 목적어를 직접목적어라고 한다.

4형식을 만드는 동사를 수여동사라고 부른다. 왜냐하면 '~에게 ~을 해 주다'라는 의미를 갖기 때문이다.

teach, lend, tell, buy, send, ask 등이 이 형식으로 쓰이는 동사들이다.

· Brook gave me an apple.

· James writes her a letter every day.

4형식 문장은 직접목적어가 앞으로 나오면서 3형식 문장으로 전환이 가능한데 간접목적어 앞에는 전치사가 와야 한다. 동사에 따라 앞에 쓰이는 전치사가 달라진다.

〈4형식〉 주어 + (수여)동사 + 간접목적어 + 직접목적어

→ 〈3형식〉 주어 + (수여)동사 + 직접목적어 + 전치사(to/for/of) + 행위의 대상(4형식의 간접목적어)

5-1　『to + 간접목적어』를 쓰는 동사(단순전달동사: '주다'의 의미)

give, bring, teach, lend, offer, pay, tell, send, show

· He told me an interesting story.

→ He told an interesting story to me.

· My uncle showed me old pictures.

→ My uncle showed old pictures to me.

· I gave you a birthday present.

→ I gave a birthday present to you.

· I teach you math.

→ I teach math to you.

· I send you an email.

→ I send an email to you.

5-2 『for + 간접목적어』를 쓰는 동사(이중 행위 동사: '~해서 주다')

make, buy, get, choose, find, cook

· Will you get me some water?

→ Will you get some water for me?

· Mom made me some chicken soup.

→ Mom made some chicken soup for me.

· I buy my sister a smart phone.

→ I buy a smart phone for my sister.

· I chose my girlfriend a white dress.

→ I chose a white dress for my girlfriend.

『of + 간접목적어』를 쓰는 동사(질문행위동사: 묻다)

ask, inquire

· Can I ask you a question?

→ Can I ask a question of you?

· Can you inquire him a personal story?

→ Can you inquire a personal story of him?

Pattern Practice

1. College graduates _____ for their job in major companies and students who want internships are having difficulty nowadays.

(A) looking   (B) demanding   (C) anticipating   (D) accessing

---

해석

: 대기업에서 직장을 찾고 있는 대학 졸업자들과 인턴쉽을 원하는 학생들은 요즘 어려움을 겪고 있다.

▶ 문장 구조 분석

주어(college graduates and students) + 동사(are having) + 목적어 (difficulty) + 부사로 이루어진 3형식 문장이다.

College graduates_____for their job ~에서 '대기업에서 직장을 찾고 있는 대학 졸업자들'이라는 의미로 문맥상 look이 타당하다. 동사 look이 명사인 graduates를 수식하는 형용사 역할을 하므로 현재분사가 쓰였다. 분사란 동사지만 문장에서의 역할이 명사를 수식하는 형용사 역할을 하는 것을 말한다. 수식을 받는 명사와 수식하는 단어와의 관계가 능동이므로 현재분사가 적합하다.

2. You should have the opportunity to _____ he new club several times before joining the group permanently.

(A) visit   (B) look   (C) trip   (D) inspect

해석

: 동호회에 영구적으로 가입하기 전에 여러 차례 방문할 기회를 가져봐야 한다.

▶ 문장 구조 분석

주어 + 동사 + 목적어(opportunity) + to 부정사 부사구(to visit the club) + 접속사(before) + 주어 생략 + 분사(joining) + 목적어 + 부사로 이루어진 문장이다. 목적어가 있는 3형식 문장이며 접속사가 이끄는 종속절도 3형식 문장이다. 그러나 문장 형식을 구분할 때는 주절만 고려한다. 주절(main clause)이란 종속절이 따라오고 주가 되는 문장을 일컫는다. 종속절(subordinate clause)은 이어진 문장에서 주절을 한정하는 절이다. 주로 접속사가 이끈다.

접속사는 문장과 문장을 이어주는 역할을 하며 종속접속사와 등위접속사가 있다. 종속접속사는 절을 다른 절에 접속 시키면서 절을 인도하는 역할을 하고 주로 while when 등이 있다. 등위접속사는 문장과 문장을 대등하게 연결시키는 역할을 하며 but, and, or 등이 있다.

절이란 주어 + 동사 + ~로 이루어진 문장을 말한다.

구란 단어와 단어가 모여 있지만 주어 동사 구조가 없는 것을 말한다.

3. Her tanned olive skin was typical of those who _____ outdoors hanging laundry or tending garden.

(A) labored   (B) occupied   (C) employed   (D) survived

해석

: 그녀의 햇볕에 그을린 피부는 빨래를 넌다거나 정원을 손질하는 야외에서 일하는 사람의 전형적인 모습이다.

▶ **문장 구조 분석**

주어(her tanned olive skin) + 동사(is) + 보어(typical) 구조를 가진 2형식 문장이다.

of~ 이하는 typical을 수식하는 부사구로 쓰였다.

those who '~하는 사람들'이란 뜻을 가진 관계대명사절이다.

원래 문장은 the people (who are) hanging laundry or tending garden outdoors이다.

4. Another national trial is _____ into the possibility that vitamin E and the mineral selenium may reduce the risk of prostate cancer.

(A) viewing   **(B) observing**   (C) looking   (D) seeming

해석

: 또 다른 전국적으로 행해진 임상 실험은 비타민 E와 셀레니움 미네랄이 전립선암의 위험을 줄일 수 있다는 가능성을 관찰하고 있는 중이다.

▶ 문장 구조 분석

주어(another national trial) + 동사구(is observing into) + 목적어(the possibility ~) 구조를 가진 3형식 문장이다. possibility that ~ 절은 observe into의 목적어로 쓰였다.

선행사(possibility) + 관계대명사(that) + 주어 + 동사

observe into ~을 관찰하다

5. Most importantly, students looking to _____ their class need to click on the links on the left hand side of this page.

(A) attend   **(B) enroll**   (C) ride   (D) partake

해석

: 무엇보다도 중요한 것은, 수업을 등록하고자 하는 학생들은 이 페이지의 왼쪽에 있는 링크에 클릭할 필요가 있다.

▶ 문장 구조 분석

부사구(most importantly) + 주어(students looking to enroll their class) + 동사(need to click) + 목적어(the links) + 부사구(on the left side of this page) 구조의 3형식 문장이다.

의미상 수업에 참여하다, 등록하다 모두 가능하지만 링크에 접속하라는 말에서 등록이 가장 적합한 단어임을 알 수 있다.

Pattern Practice HW

1. Animal research and human studies have revealed that males and females may _____ in their biological responses to drugs.

    (A) suffer   (B) differ   (C) confer   (D) decipher

2. It was James Baker's amazing work on our future construction project that _____ him the lifetime excellence award.

    (A) honored   (B) achieved   (C) took   (D) won

3. The apartment residents said that the construction company ilegally charged _____ fees to end their lease agreements.

    (A) they   (B) their   (C) them   (D) their

4. While he was first hesitant to _____ it his support, he has now come out in favor of the center.

(A) keep   (B) giv   (C) require   (D) announce

5. This morning Mr. Kwon _____ me about a recently released movie featuring famous actors and actresses in Korea and Japan.

(A) confessed   (B) recommended   (C) suggested   (D) told

6. At the Seoul medical center, a few physicians _____ the press on many facts about Avian Influenza plaguing some Asian countries.

(A) briefed   (B) explained   (C) assured   (D) told

7. If you are going to _____ to the class about something, you should know the subject matter thoroughly.

(A) say   (B) tell   (C) speak   (D) deliver

8. After much _____ , city planning officials determined that the conference center should be built elsewhere.

(A) deliberately   (B) deliberated   (C) deliberate   (D) deliberation

9. _____ the initial application form has been received in our registration office, you will not be required to provide any further documentation.

(A) Whether   (B) Once   (C) As if   (D) Yet

10. The menu of this restaurant changes weekly _____ on the availability of seasonal ingredients.

(A) depend   (B) depends   (C) depended   (D) depending

Sentence Building

1

그는 공원에서 아침에 아주 빨리 달린다.

He runs fast early in the morning at the park.

▶ 문장 구조 분석

주어 + 동사 + 부사 + 시간을 나타내는 부사구 + 장소를 나타내는 부사구

부사나 부사구는 문장형식에 속하는 요소가 아니므로 1형식 문장이다.

2

그의 꿈은 가수가 되는 것이다.

His dream is to be a singer.

▶ 문장 구조 분석

주어 + be동사 + 보어(to 부정사) 구조의 2형식 문장이다.

'~가 되는 것'의 의미로 보어 자리에 명사, 명사구, 동명사, to 부정사가 올 수 있다.

3

그는 조용히 있었다.

He remains silence.

▶ 문장 구조 분석

주어 + be동사(keep, remain, lie, stay) + 형용사가 오는 경우이며 '~이다, ~한 상태

이다'라는 의미이다. 2형식 문장이다.

4

안나는 시험 후에 피곤해졌다.

Anna got tired after the test.

▶ 문장 구조 분석

주어 + 상태변화동사(become, come, go, get, grow, turn) + 형용사가 오는 경우이며 '~가 되다'라는 의미이다. 2형식 문장이다.

5

그는 좋은 남자친구인 것으로 보인다.

He appears a good boyfriend.

▶ 문장 구조 분석

주어 + 인식동사(look, seen, appear, prove) + 형용사가 오는 경우이며 2형식 문장이다. '~처럼/~로 ~하다'라는 의미이다.

6

딸이 그녀의 엄마를 닮았다.

Her daughter resembles her mother.

▶ 문장 구조 분석

주어 + 동사(완전타동사) + 목적어가 오는 구조의 3형식 문장이다. approach, lay, reach, marry, discuss, enter, resemble 동사들은 의미상 전치사가 올 것 같지만 전치사 없이 바로 목적어만 온다.

7

그는 내 제안을 받아들이기를 거부했다.

He refuses to accept my proposal.

▶ 문장 구조 분석

주어 + 동사 + to 부정사 목적어가 오는 경우이며 want, wish, expect, hope, decide, plan, refuse, agree, need 종류의 동사들은 뒤에 항상 to 부정사가 온다.

8

그는 내게 흥미 있는 이야기를 해주었다.

He told me an interesting story.

He told an interesting story to me.

▶ 문장 구조 분석

주어 + 동사 + 간접목적어 + 직접목적어로 4형식 문장이다. 4형식은 3형식 문장으로 전환할 수 있는데 동사의 성격에 따라 쓰이는 전치사가 달라진다. tell 동사는 '주다'라는 의미를 가진 단순 전달 동사이므로 'to + 간접목적어'를 취한다. 이러한 종류의 동사는 give, bring, teach, lend, offer, pay, tell, send, show 등이 있다.

9

나는 내 누이에게 스마트폰을 사주었다.

I bought my sister a smart phone.

I bought a smart phone for my sister.

▶ 문장 구조 분석

주어 + 동사 + 간접목적어 + 직접목적어로 4형식 문장이다. 4형식은 3형식 문장으로 전환할 수 있는데 buy는 이중 행위 동사로서 '~해서 주다'라는 의미를 가진다. 'for + 간접목적어'를 취한다. 이러한 종류의 동사는 make, buy, get, choose, find, cook 등이 있다.

10

나는 그에게 개인적인 이야기를 물어보았다.

I inquired him a personal story.

I inquired a personal story of him.

▶ 문장 구조 분석

주어 + 동사 + 간접목적어 + 직접목적어로 4형식 문장이다. 4형식은 3형식 문장으로 전환할 수 있는데 inquire는 질문 행위 동사로서 '묻다'라는 의미를 가진다. 'of + 간접목적어'를 취한다. 이러한 종류의 동사는 ask, inquire 등이 있다.

Sentence Building HW

1 그는 식당에서 매일 아침을 많이 먹는다.

2 나의 꿈은 유명한 배우가 되는 것이다.

3 그 아이는 조용히 있었다.

4 그 학생은 수업 후에 피곤해졌다.

5 그녀는 좋은 여자친구인 것으로 보인다.

6 난 네가 이 집에서 좋은 추억을 갖기를 바란다.

7 아들은 그의 아빠를 닮았다.

8 그는 나의 새로운 계획을 받아들이기를 거부했다.

9 그는 내게 무서운 이야기를 해주었다.

10 나는 내 여자친구에게 차를 사 주었다.

Unit 2

Causative Verb
& Perception Verb

(5형식 문장과 사역동사 & 지각동사)

Ⓐ <u>Key Grammar Pattern</u>

5형식: ⟨주어 + 동사 + 목적어 + 목적격 보어⟩

주어와 동사 다음에 목적어만으로는 뜻이 완전하지 않아서 목적어를 보충 설명하는 목적격 보어가 오는 문장 형식이다. 목적격 보어로는 명사, 형용사, to 부정사 등이 올 수 있다. 목적격 보어는 목적어가 누구인지 또는 어떤 상태인지 알려주므로 목적어와 목적격 보어는 동격인 관계이다. 5형식에 쓰이는 동사를 불완전타동사라고 부른다.

1 목적격 보어로 명사를 취하는 경우

call, elect, make, name

· They elected him a chairperson.
· Her classmates called her "princess".

2 목적격 보어로 형용사를 취하는 경우

consider, find, keep, leave, make, think, turn

· I want everything ready by ten.
· I made her smile.

3 목적격 보어로 to 부정사를 취하는 경우

3-1 일반 동사: want, would like, tell, expect

· I expected her to pass the exam.

· I want you to do the homework.

3-2 사역동사: ask, get

'어떤 일을 누구에게 ~하게 부탁하다'의 의미가 있다.

· I asked him to pick up my daughter.

· He got me to finish the work.

· I helped Mike (to) finish the work.

4 목적격 보어로 동사원형을 취하는 경우

4-1 사역동사 + 사람 목적어 + 동사원형

'~에게 ~하기를 억지로 시키다'의 의미가 있다.

· I made him fix my car.

· My father had me come back by 6 o'clock.

4-2 let(permission의 의미)

let + 사람 목적어 + 동사원형

· She let her son stay up late.

비교) let + 사물 목적어 + be + p.p.

I let the window be opened while I was gone.

4-3   지각 동사 : see, watch, hear, feel, listen to, look at, notice, find

지각 동사 + 사람 목적어 + 동사원형

· I saw her enter the building.

5   목적격 보어로 동사 ~ing을 취하는 경우

5-1   지각 동사 + 사람 목적어 + 악기/운동

· I saw her playing the violin. (her & play 관계가 능동)
· I watch my boyfriend playing baseball.
· play + the + 악기
· Play + 스포츠

5-2   지각 동사 + 사물 목적어 + ~ing(능동)

· I watched the prices rising.

6 목적격 보어로 p.p.를 취하는 경우

6-1 사역동사 + 사물 목적어 + p.p.(목적어와 행위가 수동의 의미)

· I made my car fixed.
· I had my hair cut.

6-2 지각 동사 + 사람 목적어 + p.p.(사람 목적어와 행위가 수동의 의미)

· I saw him beaten by his classmates.

6-3 지각 동사 + 사물 목적어 + p.p.

· I saw many trees knocked down by the storm.

7 주어 + 동사 + it(가목적어) + 목적격 보어 + to 부정사(진목적어)

7-1 사역동사 + 사물 목적어 + p.p.(목적어와 행위가 수동의 의미)

believe, find, make, think의 동사가 이런 유형에 해당된다.

· My father made it a rule to have dinner at 6 o'clock.

it은 가목적어이고 to have dinner가 진짜 목적어이다. 5형식 문장에
서 to 부정사가 목적어로 오는 경우 문장이 길어지므로 가목적어 it을
앞에 두고 진짜 목적어를 부사처럼 뒤에 배치하여 처리한다.

사역동사 의미에 따른 분류

5형식 동사를 공부하다 보면 사역동사가 자주 등장하는데 사역동사란 '~어떤 일을 누구에게 억지로 시키다' 또는 '~하게 부탁하다'의 의미가 있다. 사역동사는 크게 5형식 문장에 속하지만 의미에 따라 정리하면 유용하게 활용할 수 있다.

1 '강제. 억지로 시키다'의 의미를 갖는 경우

have + 사람 목적어 + 동사원형
make

· My father made me come back home by 6 o'clock.
· My girlfriend made me do her homework.

let(permission) + 사람 목적어 + 동사원형
· I'll let you borrow my money.

let 동사 자체는 '억지로 시키다'의 의미가 없지만 '억지로 시키다'의 의미를 갖는 동사들과 같은 유형으로 쓰인다.

비교) let + 사물 목적어 + be + p.p. (사물이 ~한 상태로 놔두다)
let 다음에 사람 목적어가 오는 경우 동사원형이 따라오지만 사물 목적어가 오면 주로 수동태가 따른다. 의미는 '~한 상태로 내버려 두다'.
· I let the window be opened.

- I let the window be opened when I go out.
- I recognized(realized) that I let the window be opened when I travel.

2 부탁의 의미를 갖는 경우

ask + 사람 목적어 + to 부정사

get

expect

cause

tell

command

urge

persuade

enable

invite

require

expect

help + 사람 목적어 + to 부정사(동사원형)

help는 이 유형의 동사이지만 현대 영어에서는 to 없이 원형으로 쓰이는 경우가 많다. 과도기에 있기 때문에 help 사람 목적어 다음에 to 부정사가 오는 경우, 원형부정사가 오는 경우 둘 다 문법적으로 맞다.

- My girlfriend asked me to do her homework.

3 당하다의 의미를 갖는 경우

have + 사물 목적어 + p.p
make

· I had my wallet stolen.
내 지갑을 도둑맞았어.
· I had my hair cut.
머리를 깎았다.

· I had my backpack stolen in the crowded subway on the way back home.
집에 돌아오는 길에 혼잡한 지하철에서 내 배낭을 도둑맞았어.

· I made my car fixed.
= I made a repairman fix my car.
난 차를 수리 시켰어.

4 감각 동사로 쓰이는 경우

감각동사란 사람의 감각을 나타내는 동사. 즉, 듣다, 느끼다, 보다 등의 의미를 갖는 동사를 일컫는다.

감각 동사 + 사람 목적어 + 동사원형

· I saw my boyfriend come into(enter) the building.
내 남자친구가 그 건물로 들어가는 것을 보았어.

4-1 감각 동사 + 사람 목적어 + ing(악기, 경기)

사람 목적어와 목적격 보어와의 관계가 능동인 경우

· I saw my boyfriend playing the piano.

  난 내 남자친구가 피아노 치는 것을 보았어.

· I saw my boyfriend playing baseball.

  난 내 남자친구가 야구하는 것을 보았어.

· play the 악기
· play 스포츠 이름
· play 다음에 경기 이름이 왔을 경우 정관사 the를 쓰지 않는다.

4-2 감각 동사 + 사람 목적어 + p.p.

사람 목적어와 목적격 보어와의 관계가 수동인 경우

· I saw my boyfriend beaten by his classmates.

  난 내 남자친구가 학급친구들에게 맞는 것을 보았어.

  남자친구와 맞는 것의 관계가 수동이므로 p.p. 형을 쓴다.

· I saw my boyfriend robbed by teenagers.

  난 내 남자친구가 십 대들에게 강도당하는 것을 보았다.

  남자친구와 강도당하는 것의 관계가 수동이므로 p.p. 형을 쓴다.

4-3 감각 동사 + 사물 목적어 + ing

사물 목적어와 목적격 보어와의 관계가 능동인 경우

· I watched the prices rising.

난 가격이 오르는 것을 보았다.

가격과 오르는 것의 관계는 능동이므로 ~ing형을 쓴다.

4-4 감각 동사 + 사물 목적어 + p.p.

사물 목적어와 목적격 보어와의 관계가 수동인 경우

· I saw many trees knocked down by the storm.

난 많은 나무들이 폭풍에 의해 쓰러진 것을 보았다.

Pattern Practice

1. One of my teachers had his students _____ a couple of old tunes from recordings.

(A) transcribe   (B) transcribed   (C) be transcribing   (D) to be transcribed

---

해석

: 우리 선생님들 중 한 명은 그의 학생에게 녹음된 오래된 곡 2개를 악보로 그리게 시켰다.

▶ **문장 구조 분석**

주어(one of my teachers) + have + 사람 목적어 + 동사원형 구조의 5형식 문장이다. 이때 have는 사역동사로 쓰였으며 '사람에게 ~하게 시키다'의 의미가 있다.

2. People in the town saw many trees _____ down by the storm striking the eastern coast this year.

(A) knocking   (B) knock   **(C) knocked**   (D) knocks

▶ **문장 구조 분석**

지각 동사(see) + 사물 목적어(trees) + p.p.(knocked down) 구조의 5형식 문장이다. 목적어와 목적격 보어의 관계가 수동이므로 p.p. 형태가 온다.

3. Both economists and politicians in the country expressed their concern after watching the housing prices _____.

(A) rises   (B) rose   (C) risen   **(D) rising**

해석

: 나라의 경제학자와 정치가들은 집값이 오르는 것을 본 후에 그들의 걱정을 표명했다.

▶ 문장 구조 분석

전치사 after 이후의 절에서는 지각 동사(watch) + 사물 목적어(housing prices) + ~ing 구조의 5형식 문장이다. rise는 자동사이므로 목적어와 목적격 보어의 관계가 능동이 된다.

4. The physical training program set and manipulated by the city council helped many children _____ the sense of accomplishment and self—esteem.

(A) develop   (B) developed   (C) developing   (D) to be developed

---

해석

: 시의회에 의해 설정되고 조종된 이 신체 단련 프로그램은 많은 어린이들의 성취감과 자부심을 발달시키기 위해 도왔다.

▶ 문장 구조 분석

주어(the program ~) + help + 사람 목적어(children) + 동사원형 구조의 5형식 문장이다. help는 원래 to 부정사가 따라왔지만 현대 영어에서는 to 없이 원형부정사로 쓰인다.

5. It is recommended that you have your passport _____ before going through the customs.

(A) stamp   **(B) stamped**   (C) to stamp   (D) stamping

해석

: 세관 통과하기 전에 여권에 도장 찍기를 추천한다.

▶ 문장 구조 분석

본 문장은 수동태이지만 that절 이하에서는 주어(you) + have + 사물 목적
어(your passport) + p.p. 형태의 5형식 문장이다.

Pattern Practice HW

1. Every time you leave the house for some period of time, be sure to let all the doors and windows _____ for safety's sake.

(A) close   (B) closed   (C) be closed   (D) closing

2. The internet has made _____ easier for vehicle buyers to search for banks that offer the best loans.

(A) they   (B) what   (C) it   (D) us

3. The new online store makes it convenient _____ from your home.

(A) shop   (B) shopping   (C) shops   (D) to shop

4. The wireless headset makes it _____ to enjoy music without the use of wires or cables.

(A) possibly

(B) possible

(C) possibilities

(D) more possibility

5. Unexpected software issues may make it _____ to delay the launch of our new mobile phones to next year.

(A) necessarily

(B) necessary

(C) necessity

(D) more necessarily

6. Job applicants will find it useful _____ a candidate profile with a large recruiting agency to help in their employment search.

(A) to complete   (B) completion   (C) completing   (D) completely

7. Critics of the recent movie directed by director Park have criticized the plot too _____.

(A) predicting   (B) predicted   (C) predictable   (D) predictably

8. The company plans to make its departments less _____ by eliminating unnecessary paperwork.

(A) waste   (B) wasteful   (C) wastefully   (D) wasting

9. Cokala Ltd. is using unique package designs to make its health drinks _____ to a wider range of consumers.

(A) attracts   (B) attractively   (C) attractive   (D) attracting

10. Frequent changes in the market make it _____ for stero equipment producers to anticipate demand with much confidence or precision.

(A) hardly   (B) hardness   (C) hard   (D) harden

Sentence Building

1	그들은 그를 회장으로 선출했다.
	They elected him a chairperson.

▶ **문장 구조 분석**

주어 + 동사 + 목적어 + 목적격 보어로 이루어진 5형식 문장이다.

call, elect, make, name 종류의 동사는 목적격 보어로 명사가 온다.

2	나는 그에게 내 딸을 픽업해 달라고 부탁했다.
	I asked him to pick up my daughter.

▶ **문장 구조 분석**

주어 + 동사 + 목적어 + 목적격 보어로 이루어진 5형식 문장이다.

ask, get 종류의 동사는 '어떤 일을 누구에게 ~하게 부탁하다'의 의미가 있다. 목적격 보어로 to 부정사가 온다.

3	난 기술자에게 내 차를 고치도록 시켰다.
	I made a technician fix my car.

▶ **문장 구조 분석**

사역동사 + 사람 목적어 + 동사원형으로 이루어진 5형식 문장이다. '~에게 ~하기를 억지로 시키다'의 의미가 있을 때 목적격 보어로 동사원형이 온다.

4

그녀는 아들이 늦게까지 있도록 허용했다.

She let her son stay up late.

let + 사람 목적어 + 동사원형인 5형식 문장이다. let 동사가 permission의 의미일 때 목적격 보어 자리에 동사원형이 온다.

5

난 나갈 때 창문을 열어 두도록 했다.

I let the window be opened while I was gone.

let + 사물 목적어 + be + p.p. 형태의 5형식 문장이다. 목적격 보어 자리에 수동태가 온 경우다. 왜냐면 사물 목적어와 목적격 보어의 관계가 수동이기 때문이다.

6

난 그녀가 빌딩에 들어가는 것을 보았다.

I saw her enter the building.

주어 + 지각 동사 + 사람 목적어 + 동사원형인 5형식 문장이다.
지각 동사는 사람의 지각(sensory)을 나타내는 동사인데 see, watch, hear, feel, listen to, look at, notice, find 동사가 해당된다. 지각 동사가 쓰이고 사람 목적어가 오면 목적격 보어로 동사원형이 따라온다.

7

난 그녀가 바이올린을 연주하는 것을 보았다.

I saw her playing the violin.

▶ 문장 구조 분석

주어 + 지각동사 + 사람 목적어 + 악기/운동

목적격 보어로 동사 ~ing을 취하는 경우는 지각 동사가 오고 사람 목적어와 목적격

보어와의 관계가 능동일 때 ~ing 형태를 쓴다.

8

난 가격을 오르는 것을 보았다.

I watched the prices rising.

▶ 문장 구조 분석

주어 + 지각 동사 + 사물 목적어 + ~ing

사물 목적어와 목적격 보어의 관계가 능동이므로 사물 목적어라도 ~ing 형태를

쓴다.

9

난 그가 학급 친구들에게 매 맞는 것을 보았다.

I saw him beaten by his classmates.

▶ 문장 구조 분석

주어 + 지각 동사 + 사람 목적어 + p.p.

사람 목적어와 목적격 보어와의 관계가 수동이며 p.p.형태를 쓴다.

10 우리 아버지는 6시에 저녁 먹는 것을 규칙으로 삼으셨다.

My father made it a rule to have dinner at 6 o'clock.

▶ **문장 구조 분석**

주어 + 사역동사 + 가목적어 + 목적격 보어 + to 진목적어로 이루어진 5형식 문장
이다. 원래 의미대로 문장을 다시 쓰면 주어(My father) + 사역동사(made) + to 진
목적어(to have dinner at 6 o'clock) + 목적격 보어(a rule)의 문장이다. 그러나 영
어에서는 앞부분이 긴 것을 싫어하는 성질이 있으므로 'to 진목적어' 대신 'it 가목적
어'를 내세워 문장을 쓴다.

Sentence Building HW

1 학생들은 그녀를 학생회장으로 선출했다. (present of students council)

2 나는 남자친구에게 나를 공항에서 픽업해 달라고 부탁했다.

3 난 수리공에게 우리 집 지붕을 고치도록 시켰다.

4 그녀는 아들이 늦게까지 TV를 보도록 허용했다.

5 난 수업이 끝난 후 문을 열어 두도록 했다.

6 난 내 여자친구가 농구하는 것을 보았다.

7 난 기름 가격이 빠르게 오르는 것을 보았다.

8 난 차를 고쳤다.

9 난 건물이 폭풍에 의해 쓰러지는 것을 보았다.

10 우리 아버지는 6시에 귀가하는 것을 규칙으로 삼으셨다.

Unit 3

Adverb
(부사)

Ⓐ Key Grammar Pattern

1 부사의 역할과 위치

> 부사를 따로 문법적으로 다루지는 않지만 문장 구조를 파악하는 데
> 있어 부사를 알면 문장 구조가 단순해지기 때문에 부사를 이해하는 것
> 은 매우 중요하다.

1-1 동사 수식

주어와 동사 사이

· Dr. Kang, a Novel prize wining scientist, creatively designed his experiment.

동사 사이

조동사 + 부사 + 동사

· Downloading unknown program can adversely affect your PC.

be동사 + 부사 + ~ing

· The new theater is finally opening last Saturday.

be동사 + 부사 + p.p.

· The pet store is conveniently located near the shopping mall.

have + 부사 + p.p.

· I have successfully completed the online classes.

동사 뒤

자동사 + 부사

· Ever since the new program is developed, overall outputs have increased considerably.

타동사 + 목적어 + 부사

· The president of the company met all the employees personally.

be동사 + p.p. + 부사

· All the ingredients of the restaurant are produced locally in this area.

1-2 형용사/부사 수식

형용사 수식

· The car sharing program is a remarkably simple solution to the traffic problem of this city.

부사 수식

· Despite a few side effects, this medicine worked pretty well for the Covid-19.

to 부정사 수식

· The company is making strong efforts to extensively expand the new security program.

동명사 수식

· By innovatively combining various ingredients, the restaurant created new cuisine.

분사 수식

· After carefully choosing a payment method, the next step is to click the menu button.

2   빈도 부사

빈도란 발생 횟수를 일컬으며 once, sometimes, often, frequently 등 이 있다. 주로 be동사나 조동사 뒤, 일반 동사 앞에 온다.

· You should frequently update your web site in order to communicate with your customers.

· The company sometimes assembles meeting on weekends.

little, hardly, rarely, scarcely, barely, seldom 등이 있으며 '거의 ~하지 않다'의 의미로 쓰인다. 문장 중에 부정사가 없지만 부정부사로 인하여 문장 전체가 부정의 뜻을 가진다. 그러므로 부정어를 두 번 쓰지 않는다.

· Since we are fully-staffed, we seldom hire new employees in our company.

· Little did the new officer manager know about the changed plan concerning the opening date.

숫자, 양을 수식하는 부사

almost, nearly, approximately, roughly, around, about는 '거의, 대략' 의 뜻을 가진다.

- a maximum of, up to '최대' 의미이다.
- a minimum of '최소'
- more than, over '이상'
- less than, below '이하'
- only '겨우'
- at least '적어도'
- at nest, at most '기껏해야'
- as many as, as much as '~한 만큼'

- This elevator can accommodate approximately 15 people.

- Almost all the students registered for the history class.

5   **숫자, 양을 수식하는 부사**

5-1   **even. too, well**

- Even after two decades, Easy Tax is the most powerful software for tax return.

- Dolby sound system is particularly designed for use in large auditorium.

- The proposal is well beyond the estimated budget.

only/ just 오로지 ~만

· The Black Friday sale will start Friday and last for just one day.

solely 오로지 ~만

· E2 visa is required for those who visit the country solely for the purpose of business.

exclusively 전용으로, 오로지, ~만을 위하여

· This special discount is being offered exclusively for foreigners.

5-3　**right, just, immediately, shortly directly + before/after ~하기 직전에**

· There will be an intermission right before the second part of the musical.

· Meal will be served immediately after the wedding ceremony.

6   시간 부사 already, soon, yet

- Samsung Electronics is already a popular investment stock.

- The contractor will soon operate new flight model.

- The new employees are still learning how to use the accounting software program.

- The builders has not yet finished building the house.

7   접속 부사

- however, nevertheless '그러나'
- therefore, consequently '그러므로'
- besides, moreover '게다가, 더욱이'
- otherwise, then '그렇지 않으면, 그렇다면'

- We have received some complains about the missing parcel. Consequently, we should pay attention to delivery service.

- The proposed blueprint of the new building is not attactive. Besides, the construction costs beyond the estimated budget.

8　형용사와 부사의 형태가 같은 경우

early, hard, high, fast, late, monthly, yearly, well, long은 형용사와 부사의 형태가 같은 경우이다. 문장 안에서 역할을 보고 품사를 결정해야 한다.

· Your phone should have a hard plastic cover to protect your mobil phone against bumps.

· The entire crew worked hard to make the project a big success.

· Adolescent is a monthly magazine that gives helpful advice for adolescents.

· The Tourist Journal is published monthly by the Area Tourist Board.

9　자주 나오는 부사

9-1　also, too, as well, either

· The Chamber of Commerce also agreed to postpone the anniversary ceremony until next month.

'also'는 문장 처음이나 중간에 온다.

· Mr. Kwon knew the process of the experiment and Mrs. Kwon knows it too.

'too, as well'은 주로 긍정문 끝에 온다.

· Mr. Kwon did not bring his driver's license and his wife did not, either.

'either'는 부정문 끝에 온다.

9-2 very/ much

· Ernest Hemingway's latest book, The old mand the sea, is very different from his previous work.

'very'는 형용사 부사를 수식한다.

· 10th anniversary ceremony was much more successful than we expected.

'much'는 형용사를 수식할 수 없고 형용사의 비교급을 수식한다.

Pattern Practice

1. The new regulations of Samhyun High Tech Industries expresses the company's goals _____.

(A) precise   (B) more precise   (C) preciseness   **(D) precisely**

▶ **문장 구조 분석**

주어(regulations) + 동사(expresses) + 목적어(the company's goal) + 부사(precisely) 구조의 3형식 문장이다. express는 목적어를 필요로 하는 완전타동사이다. 그러므로 빈칸에 알맞은 품사는 부사이다.

2. Beginning on January 1 of this year, the associate manager of City Bank will report any unusual transactions _____ to the district manager.

(A) direction　　　(B) directing　　　**(C) directly**　　　(D) directs

---

해석

: 올해 1월 1일부터 시티뱅크 차장은 이례적 거래가 있을 시 직접 지부장에게 보고할 것이다.

▶ **문장 구조 분석**

부사구(beginning) + 주어(the associate manager) + 동사(will report) + 목적어(any unusual transactions) + 부사(directly) + to(방향을 나타내 는 전치사) + 구조의 3형식 문장이다.

associate manager 차장
district manager 지부장

3. Lee & Jang has _____ been named as the top attorney firm in the area.

(A) frequently   (B) frequent   (C) frequenting   (D) frequents

▶ **문장 구조 분석**

주어(Lee & Jang) + 동사구(has ___ been named) + 자격을 나타내는 전치사(as) 구조의 완료형 수동태 문장이다. 그러므로 빈칸에 들어갈 품사는 부사가 적합하다.

4. The new coffee shop has become quite popular, even though it is _____ noticeable from the street.

(A) harder   **(B) hardly**   (C) hard   (D) hardest

해석

: 새로 생긴 커피숍은 거리에서 눈에 거의 띄지 않지만 아주 인기가 높아졌다.

▶ 문장 구조 분석

주절은 주어 + 동사 + 보어의 2형식 문장이다. 빈칸이 들어있는 종속절은 even though가 이끄는 양보절이고 주어(it) + 동사(is) + 부사 + 보어(형용사) 구조의 2형식 문장이다. be동사와 보어인 형용사 사이에 위치할 수 있는 품사는 부사가 적합하다. hardly는 부정부사로 문장에 부정어가 없지만 '거의 ~하지 않는다'라는 부정의 뜻을 가진다.

5. Among entertainment agencies, JPT services was _____ mentioned as a trusted firm.

(A) throughly   (B) utterly   **(C) specifically**   (D) densely

---

해석

: 연예기획사들 중에서 JPT사가 신뢰 받는 기업으로 구체적으로 거론되었다.

▶ 문장 구조 분석

be동사 + 부사 + p.p. 구조에서 수동태 가운데 들어가는 품사는 부사가 적합하다.

Pattern Practice HW

1. The new software will _____ decrease the amount of time it takes to schedule appointments.

(A) soon   (B) recently   (C) lately   (D) very

2. Almost _____ after receiving the necessary tools, our crews began installing telephone cables in the northern part of the county.

(A) precisely   (B) immediately   (C) continually   (D) productively

3. The students enrolled in the painting course at the Art School have worked exceptionally _____ over the past years.

(A) hard   (B) hardy   (C) hardest   (D) hardly

4. Any employee working _____ at night must remember to turn off all the lights of the building before leaving the office.

(A) hard   (B) forward   (C) very   (D) late

5. Market research results for hydrogen fuel cell vehicle were _____ encouraging.

(A) well   (B) near   (C) freely   (D) very

6. The student's work has improved _____ since he joined the team, thanks to feedback from his professor.

(A) significantly   (B) signifies   (C) significant   (D) signified

7. The minor concerns that arose during the testing phase of development have _____ been resolved, and the product is ready to be released in to the market.

(A) since   (B) soon   (C) after   (D) often

8. All of the ingredients in this cuisine are organic unless _____ specified.

(A) otherwise   (B) nothing   (C) one   (D) neither

9. The quality of the furniture designed at EKIA has remained _____ consistent for the 100 years that the firm has operated.

(A) remarks   (B) remarkably   (C) remarkable   (D) remarked

10. The francaise restaurant employees may exchange shifts, they must _____ receive approval from a manager ahead of time.

(A) already   (B) completely   (C) always   (D) formerly

Sentence Building

1

노벨상 수상자인 강 박사는 창의적으로 그의 실험을 디자인했다.

Mr. Kang, a Novel prize wining scientist, creatively designed his experiment.

▶ 문장 구조 분석

부사의 위치는 주어 뒤 동사 앞에 올 수 있다.

2

애완동물 가게는 편리하게도 쇼핑몰 근처에 위치해 있다.

The pet store is conveniently located near the shopping mall.

▶ 문장 구조 분석

부사의 위치는 be동사 뒤 p.p. 앞에 올 수 있다.

3

새로운 프로그램이 개발되고 난 후 전체적인 결과는 상당히 증가되었다.

Ever since the new program is developed, overall outputs have increased considerably.

▶ 문장 구조 분석

부사의 위치는 동사 뒤에 올 수 있는데 이 문장에서는 자동사 뒤에 부사가 온 경우이다.

4	이 식당의 모든 재료는 이 지역에서 생산되는 것이다.
	All the ingredients of the restaurant are produced locally in this area.

▶ 문장 구조 분석

부사가 be동사 + p.p.인 경우 뒤에 왔다.

5	차를 공유하는 프로그램은 이 도시의 교통 문제에 놀랍도록 간단한 해결책이다.
	The car sharing program is a remarkably simple solution to the traffic problem of this city.

▶ 문장 구조 분석

부사가 형용사를 수식하는 경우 형용사 앞에 쓰였다.

6	그 회사는 새로운 보안 프로그램을 전폭적으로 확대시키기 위해 엄청난 노력을 하고 있다.
	The company is making strong efforts to extensively expand the new security program.

▶ 문장 구조 분석

부사가 to 부정사를 수식하는 경우 to 뒤에 위치한다.

7

조심스럽게 결제 수단을 고른 후 다음 단계는 메뉴 버튼을 누르는 것이다.

After carefully choosing a payment method, the next step is to click the menu button.

▶ 문장 구조 분석

부사구(after choosing ~) + 주어(next step) + 동사구(is to click) + 목적어(the menu button) 구조의 3형식 문장이다. 본동사의 시제가 현재이지만 after라는 전치사가 쓰여서 부사구는 시제 차이가 있는 점에 유의해야 한다.

8

우리는 스태프가 충분하기 때문에 우리 회사에서는 새로운 직원을 거의 뽑지 않는다.

Since we are fully-staffed, we seldom hire new employees in our company.

▶ 문장 구조 분석

little, hardly, rarely, scarcely, barely, seldom 등은 '거의 ~하지 않다'의 의미를 가진 부정부사이다. 문장 중에 부정사가 없지만 부정부사로 인하여 문장 전체가 부정의 뜻을 가진다.

9

오피스 매니저는 개점일과 관련된 바뀐 계획에 대해 거의 모르고 있었다.

Little did the new officer manager know about the changed plan concerning the opening date.

▶ 문장 구조 분석

little은 부정부사인데 부정어가 문장 맨 앞에 나올 경우 도치가 일어난다. 주어 동사의 순서가 바뀐다. 원래 문장은 The new officer manager did not (little) know about the changed plan concerning the opening date.

10

20년이나 지난 후에도 easy tax는 가장 강력한 세금 환불 소프트웨어이다.

Even after two decades, Easy Tax is the most powerful software for tax return.

▶ 문장 구조 분석

'even. too, well'은 강조 부사이다. 부사를 강조할 때 쓴다.

Sentence Building HW

1	혁신적으로 많은 재료들을 합침으로써 그 식당은 새로운 요리법을 개발하였다.

2	당신은 고객들과 소통하기 위해서 웹 사이트를 자주 업데이트해야 합니다.

3	이 승강기는 대략 15명을 수용할 수 있다.

4   그 제안서는 예상된 예산을 훌쩍 넘어섰다.

5   오로지 비즈니스 목적만으로 그 나라를 방문하는 사람들을 위해서 E2 비자가 요구된다.

6   뮤지컬의 2부가 시작되기 바로 직전에 휴식 시간이 있을 것이다.

7   새로운 고용인들은 회계프로그램을 어떻게 쓰는지를 아직도 배우고 있다.

8   우리는 분실된 소포에 관한 불평들을 받는다. 그러므로 배달 서비스에 신경 써야 한다.

9   새 건물의 제안된 청사진은 매력적이지 못하다. 게다가 건설비용이 예상된 예산을 훨씬 넘게 든다.

10   당신 전화기를 충격으로부터 보호하기 위해서는 딱딱한 플라스틱 커버를 가져야 한다.

Unit 4

Passive
(수동태)

Ⓐ Key Grammar Pattern

1 수동태 만드는 법

수동태는 행위의 영향을 받는 대상에 중점을 두고 그 대상이 주어가 되어 '~받다, ~당하다'라는 의미이다. 수동태는 주어가 동사의 행위를 받는 대상일 때 사용하거나 행동을 하는 사람이나 사물이 중요하지 않거나 알려져 있지 않을 때 사용한다. 형태는 『be + p.p. + by + 목적격』이며 현재시제와 과거시제에 쓸 수 있다. be동사는 주어에 인칭과 수에 일치시키고 시제를 능동태의 시제와 일치시킨다.

· He cleans his room.

→ His room is cleaned by him.

· He cleaned his room.

→ His room was cleaned by him.

· He will clean his room.

→ His room will be cleaned by him.

to 부정사 수동태 『to + be + 과거분사』

· They want the house to be built along the beach.

→ They want the house not to be built along the beach.

· The song is going to be written by a famous composer.

동명사의 수동태 『being + p.p.』

· He attended the party without being invited.

· She enjoys being paid attention by the boys.

진행형의 수동태 『be + being + p.p.』

· The machine is being used until now.

현재완료형의 수동태 『have/has + been p.p.』

· The patients have been washed by the nurse.

조동사의 수동태 『조동사 + be + p.p.』

· Many stars cane seen at night.

3   two-words verbs의 수동태

동사를 이루고 있는 전체를 함께 묶어서 써야 하며, 반드시 전치사를 함께 써야 한다. 맨 앞에 동사만 『be + p. p.』로 바꾼다.

· Many people laughed at his idea.

→ His idea was laughed at by many people.

· The doctor took care of the patient.

→ The patient was taken care of by the doctor.

4   4형식 문장의 수동태

4형식 문장은 『주어 + 동사 + 간접목적어 + 직접목적어』로 이루어져 있으므로, 간접목적어와 직접목적어를 각각 주어로 하는 2개의 수동태 문장을 만들 수 있다.

· My boyfriend gave me a flower on my birthday.

→ I was given a flower on my birthday by my boyfriend.

→ A flower was given to me on my birthday by my boyfriend.

직접목적어를 주어로 수동태를 만들 경우 동사에 따라 전치사를 다르게 쓴다.

to + 간접목적어	give, send, lend, show, teach, tell, write, pay, bring, sell, offer
for + 간접목적어	make, buy, get, cook
of + 간접목적어	ask

buy, make, sell, write, bring, throw, lend, read 동사는 수동태의 주어로 직접목적어만 온다. 간접목적어를 수동태의 주어로 사용하지 않는다.

· My boyfriend bought me a flower.
→ A flower was bought by my boyfriend. (O)
→ I was bought a flower by my boyfriend. (X)

· He sold a book at an expensive price.
→ The book was sold at an expensive price. (O)
→ He was sold a book at an expensive price. (X)

· His son thrown him a ball.
→ A ball was thrown by his son. (O)
→ He was thrown a ball by his son. (X)

5 5형식 문장의 수동태

5형식 문장은 『주어 + 동사 + 목적어 + 목적보어』로 이루어져 있으므로, 목적어가 수동태의 주어가 되고 목적보어는 수동태가 되어도 같은 형태가 따라온다. 5형식 동사는 목적보어의 형태가 각각 다르므로 주의할 필요가 있다.

| 5-1 | 능동태: 주어 + make, keep, find + 목적어 + 형용사 + of + ~ing/p.p.
수동태: 주어 + be + p.p. + 형용사 + of + ~ing/p.p. |

· They find the company capable of fulfilling their needs.

→ The company was found capable of fulfilling their needs.

| 5-2 | 능동태: 주어 + 요청허락동사(persuade, encourage, expect, enable,
allow, ask, require) + 목적어 + to 부정사
수동태: 주어 + be + p.p. + to 부정사 |

· My parent allowed me to sleep over at my friend's house.

→ I was allowed to sleep over at my friend's house by my parent.

| 5-3 | 사역동사(make, have, let) 중 make만 수동태로 쓸 수 있는데 이때 목적
격 보어로 쓰인 원형부정사는 수동태로 바뀔 때 to 부정사가 된다. |

능동태: 주어 + 사역동사(let, make, have) + 목적어 + 동사원형(또는 p.p.)

수동태: 주어 + be + p.p. + to 부정사(또는 p.p.)

※ 없던 to가 생김.

· He made me fix the car.

→ I was made to fix the car by him.

| 5-4 | 능동태: 주어 + advise, remind, convince + 목적어 + of + 명사/that
주어 + 동사/to 부정사
수동태: 주어 + be + p.p. + of 명사/that 주어 + 동사/to 부정사 |

· People convinced him that he should wear a safety helmet.

→ He was convinced that he should wear a safety helmet.

지각동사(see, watch, hear, feel) 다음에 목적격 보어로 쓰인 원형부정사는 수동태로 바뀔 때 to 부정사 또는 현재분사가 된다.

· PI saw him iron his clothing.

→ He was seen to iron his clothing.

→ He was seen ironing his clothing.

6   by 이외의 전치사를 사용하는 수동태

『by + 행위자』에서 by 대신 다른 전치사가 쓰이는 경우도 있다.

수동태 + at	수동태 + of/from
be surprised at	be tired of
be shocked at	be made of
be disappointed at	be made from
be excited at	

수동태 + with	수동태 + 기타 전치사
be covered with	be interested in
be filled with	be known as
be satisfied with	be known to
be pleased with	be known for
	be married to
	be worried about

7   주의해야 할 수동태

7-1   목적어를 갖지 않는 자동사는 수동태로 바꿀 수 없다.

수동태로 쓰기 쉬운 자동사

appear, disappear, happen, belong

· The Island belongs to Korea. (O)
· The Island is belonged to Korea. (X)

7-2   타동사일지라도 상태의 뜻을 지니는 동사는 수동태로 바꿀 수 없다.

수동태로 바꿀 수 없는 타동사

resemble, have, become

· Jane resembles her mother. (O)
· Jane was resembled her mother. (X)

Pattern Practice

1. The local and state economic plans should be developed _____ so that local priorities might be reflected in the latter.

(A) concurrent   (B) concurrence   **(C) concurrently**   (D) concurs

▶ **문장 구조 분석**

주어(the local and state economic plans) + 수동태 동사(should be developed) + 부사(concurrently)

2. The deadline for registration of new semester _____ to March 7th.

(A) has been extended   (B) has extended

(C) are extended   (D) extending

해석

: 새 학기 수강신청을 위한 등록 마감일이 3월 7일까지 연장되었다.

▶ 문장 구조 분석

주어(the deadline for registration for new semester) + 동사(연장되었다) 구조의 수동태 문장이다. to는 ' ~까지'라는 의미의 전치사로 쓰였다. 원래는 Somebody extended the deadline.라는 3형식 문장인데 수동태로 쓰였다. 주어 deadline은 단수이고 의미상 수동태로 쓰였다. 그러므로 단수동사이며 과거나 현재완료시제의 수동태가 적합하다.

3. To keep pace with strong demands for our company's innovative products, three additional employees _____ to staff our research team.

(A) are recruiting

(B) have recruited

(C) will be recruited

(D) will recruit

해석

: 우리 회사의 혁신적인 상품의 강한 수요와 속도를 맞추기 위하여 3명의 추가적인 고용인이 우리 연구팀에 스태프로 채용될 예정이다.

▶ **문장 구조 분석**

부사구(to~) + 주어(three employees) + 동사(채용될 예정이다) 의미상 수동태가 적합하다. 원래 문장은 Someone will recruit three employees.

4. Checks or money orders in support of the Save Children Project
_____ payable to Green Tree Organization.

(A) to make   (B) are making   **(C) should be made**   (D) will have made

해석
: '아동구조 프로젝트'를 후원하는 수표나 우편환은 그린트리협회 앞으로 발행되어야
한다.

▶ 문장 구조 분석

주어(checks or money order in ~) + 동사구(만들어져야 한다) + 형용
사(payable) + 전치사구(방향을 나타내는 전치사) 구조로 이루어진 수동
태 문장이다. 의미상 수동태가 적합하다. 동사구는 조동사(should) + be +
p.p로 이루어졌다.

5. The condominiums on the lower floors cost less because they are more exposed _____ dust and the noise of traffic.

(A) to   (B) without   (C) from   (D) against

해석

: 저층 콘도들은 먼지나 차량의 소음에 더 많이 노출되기 때문에 저렴하다.

▶ 문장 구조 분석

주절은 주어(condominium on ~) + 동사(cost) + 형용사의 비교급(less)으로 이루어진 2형식 문장이다. 이유를 나타내는 접속사(because)가 이끄는 종속절은 주어(they) + 동사(be exposed) + to(전치사)의 수동태 문장이다.

Pattern Practice HW

1. Though all were offered _____ for any time spent in this training program, none requested it.

(A) reimbursement   (B) standard   (C) investment   (D) reasoning

2. Since he _____ Mayor, Mr. Sung has been the president of the National Federation of Fisheries Cooperative in the town.

(A) had elected   (B) is electing   (C) was elected   (D) will be elected

3. This program _____ with HTML formatting capability, allowing you to change the variable text font, font color and font size.

(A) has been enhanced   (B) has enhanced

(C) enhanced   (D) is enhancing

4. National emissions of industrial pollutants have been _____ 49 percent even as the nation's coal consumption rose 75 percent.

(A) reduced   (B) reducing   (C) reduce   (D) reduces

5. In the next six months, more than 100 machines will _____ in the paper company and other location abroad.

(A) be reduced   (B) reducing   (C) be reducing   (D) have reduced

6. During this period, shuttle bus service for the above stops has to be temporarily _____.

(A) suspend   (B) suspended   (C) suspending   (D) suspension

7. Please be _____ that these blogs are posted primarily for personal reasons; to be shared with family and friends.

(A) advice   (B) advised   (C) advising   (D) advisable

8. Everyone in the conference room _____ that Professor Kim's lecture was the best that they had ever seen.

(A) convinces

(B) was convincing

(C) was convinced

(D) convinced

9. The Green Valley Historical Society seminar _____ 17 September 2025 in Sunstar City, California where Birdie Hanks Palmateer will be the guest.

(A) took place

(B) are taking place

(C) will take place

(D) will be taken place

10. Initially it _____ that the program would be completed in 4−5 years; however, it has been delayed considerably.

(A) expects

(B) was expected

(C) expected

(D) has been expecting

Sentence Building

<table>
<tr><td>1</td><td>그들은 집이 바닷가에 지어지기를 원했다.
They want the house to be built along the beach.</td></tr>
</table>

▶ 문장 구조 분석

의미상 집은 '지어지다'는 수동태를 써야 하고 want라는 동사는 to 부정사를 취하므로 to 부정사의 수동태는 『to + be + p.p.』 써야 한다.

주어 + 동사(to 부정사를 취하는 동사) + 목적어 + 목적격 보어(to 부정사)의 5형식 문장이다.

<table>
<tr><td>2</td><td>그는 파티에 초대받지 않은 채 파티를 즐겼다.
He attended the party without being invited.</td></tr>
</table>

▶ 문장 구조 분석

attend라는 동사는 동명사를 취하고 동명사의 수동태는 『being + p.p.』로 써야 함,

<table>
<tr><td>3</td><td>그 기계는 현재까지 쓰인다.
The machine is being used until now.</td></tr>
</table>

▶ 문장 구조 분석

기계는 의미상 '쓰인다'라는 수동태를 취해야 하고 의미상 현재까지 쓰인다는 진행형을 써야 한다. 그러므로 진행형의 수동태 『be + being + p.p.』를 쓴다.

4

환자들은 간호사들이 씻겼다.

The patients have been washed by the nurse.

▶ **문장 구조 분석**

현재완료와 수동태가 합해진 형식으로 현재완료형의 수동태는 『have/has + been + p.p.』이다.

5

환자는 의사에 의해서 보살핌을 받았다.

The patient was taken care of by the doctor.

▶ **문장 구조 분석**

전치사들이 여럿 모여서 하나의 뜻을 나타내는 two-words verbs이다. 이러한 two-words verbs의 수동태는 동사를 이루고 있는 전체를 함께 묶어서 써야 하며, 반드시 전치사를 함께 써야 한다. 맨 앞에 동사만 『be + p.p. 』로 바꾼다. 수동태로 바꾸기 전의 문장은 The doctor took care of the patient.

6

꽃은 남자친구에 의해서 나에게 사주었다.

A flower was bought by my boyfriend.

▶ **문장 구조 분석**

4형식 문장인데 buy, make, sell, write, bring, throw, lend, read 동사는 수동태의 주어로 직접목적어만 온다. 간접목적어를 수동태의 주어로 사용하지 않는다. 수동 태로 만들기 전의 문장은 My boyfriend bought me a flower.인데 I was bought a flower by my boyfriend.는 틀린 문장이다.

7

나는 부모님에 의해 친구 집에서 자도록 허락되어졌다.

I was allowed to sleep over at my friend's house by my parent.

▶ 문장 구조 분석

이 문장은 원래 My parent allowed me to sleep over at my friend's house.인데 『주어 + 동사 + 목적어 + 목적보어』로 이루어진 5형식 문장이다. 5형식 문장의 수동태는 목적어가 수동태의 주어가 되고 목적보어는 수동태가 되더라도 같은 형태가 따라온다. 능동태에서 주어 + 요청 허락 동사(persuade, encourage, expect, enable, allow, ask, require) + 목적어 + to 부정사는 수동태가 되었을 때 주어 + be + p.p. + to 부정사로 바뀐다.

8

나는 그에 의해 차를 고치도록 강요받았다.

I was made to fix the car by him.

▶ 문장 구조 분석

이 문장은 수동태가 되기 전 He made me fix the car.라는 의미의 5형식 문장이다. make는 사역동사인데 사역동사(make, have, let) 중 make만 수동태로 쓸 수 있다. 이때 주의할 점은 목적격 보어로 쓰인 원형부정사는 수동태로 바뀔 때 to 부정사가 된다. 능동태일 때 주어 + 사역동사(let, make, have) + 목적어 + 동사원형(또는 p.p.) 문장은 수동태일 때 주어 + be + p.p. + to 부정사(또는 p.p.) 바뀌면서 없던 to가 생긴다.

9

그가 그의 옷을 다림질하는 것이 목격되었다.

He was seen to iron his clothing.

Or He was seen ironing his clothing.

▶ **문장 구조 분석**

이 문장의 능동태는 I saw him iron his clothing.이다. 지각동사(see, watch, hear, feel) 다음에 목적격 보어로 쓰인 원형부정사는 수동태로 바뀔 때 to 부정사 또는 현재분사가 된다.

10

그 섬은 한국에 속한다.

The Island belongs to Korea.

▶ **문장 구조 분석**

주어 + 동사 구조의 1형식 문장이다. appear, disappear, happen, belong은 의미상 수동태로 쓰기 쉬운 동사이지만 자동사이다. 목적어를 갖지 않는 자동사이므로 수동태로 바꿀 수 없다.

The Island is belonged to Korea.는 문법상 틀린 문장이다.

Sentence Building HW

1	이 노래는 유명한 작곡가에 의해 쓰였다.

2	그녀는 소년들에 의해 관심이 쏟아지는 것을 즐겼다.

3	그 집은 지금까지도 쓰인다.

4	밤에는 많은 별이 보인다.

5	그의 아이디어는 많은 사람들에게 조롱 받았다.

6	그는 안전모를 써야 한다는 것에 설득당했다.

7	그가 옷을 세탁하는 것이 목격되었다.

8	그는 좋은 남자친구로 보인다.

9	그는 괴물이 되어 갔다.

10	그의 아들에 의해 공이 던져졌다.

Unit 5

Subjunctive Mood
(가정법)

Ⓐ Key Grammar Pattern

Conditional 0	자연과학	If you heat ice, it melts.
Conditional 1	조건절	If it rains, I will/may stay at home.
Conditional 2	present unreal	If I were a bird, I could fly.
Conditional 3	past unreal	If I had arrived earlier, I would have married her.
Conditional 2 + 3	Mixed conditional	If I had accepted his proposal, I would be rich now.

1 가정법 종류

Conditional 0 시제영향 없음

If절이 오더라도 자연과학이나 불변의 진리인 경우 시제의 영향을 받지 않고 항상 현재형만 쓴다.

· Ice melts at 0 degree's Celsius.

· If you heat ice, it melts.

· Sun rises every morning.

가정법 미래는 미래에 일어나기 힘든 상황을 표현한다. 즉, 실현가능성이 낮은 상황을 대체적으로 포함한다.

· If he should win the lottery, he will be a millionaire.
만약 그가 복권에 당첨된다면, 그는 백만장자가 될 거야.

· If I should be a actor, I would be a big star.
만약 내가 배우가 된다면, 난 대스타가 될 거야.

이처럼 가정법 미래는 실현가능성이 상당히 희박한 상황을 얘기하고자 할 때 쓴다. 여기서 조건절에 would도 사용 가능하다. would 역시 낮은 가능성을 의미하므로 가정법 미래에 맞는 용법이 된다.

Conditional 1 가정법 현재(조건절)

예문에서 보면 아직 비가 오지 않았으므로 If절에서 미래시제가 쓰일 것 같지만 조건을 나타내는 If절에서는 현재가 가까운 미래를 대신 한다.
· If you tell me the truth, I will let you go.
· If the weather is nice, we will go picnic on the beach.

Conditional 2 가정법과거

현재의 사실과 반대되는 일을 가정하거나 소망할 때 쓰며, '…라면, ~할 텐데'라는 의미이다.

가정법과거 만드는 공식

If + 주어 + 동사의 과거형 (+not) , 주어 + could, would, might, should + 동사원형

· If you bought the car, you would regret it.
· If he weren't small, he could open the window.
· If I had enough time, I would not take a taxi.
· If I were Superman, I could fly.

Conditional 3 가정법 과거완료

과거 사실과 반대되는 일을 가정하거나 소망할 때 쓰며, '···했으면, ~했었을 텐데'라는 의미이다.

가정법 과거완료 만드는 공식

If + 주어 + had + p.p. (+not) ···, 주어 + could, would, might, should + have + p.p~

(1) If they had seen her, they would have talked to her.

(2) If I had been you, I wouldn't have made the same mistake.

(3) If you hadn't stayed home, you could have met him.

(4) If he had studied, he would have passed the exam.

   (He didn't study, so he didn't pass.)

(5) If it hadn't rained, we would have gone to the beach.

   (It rained, so we didn't go.)

(6) If I had continued to play the piano, I would have been a pianist.

(7) If I had studied English hard, I wouldn't have worried about failing the exam.

(8) If I had exercised hard, I wouldn't have worried about gaining weight.

(9) If I had done a study abroad program in high school, I would have been fluent in a foreign language.

Conditional 2 + 3 혼합가정

현재의 시점에서 과거에 못한 일에 대한 후회를 나타낸다. 조건절은 가정법 과거완료이고 주절은 가정법과거이며 문장 맨 끝에 now가 붙는다.

If + 주어 + had + p.p., 주어 + could, would, might, should + 동사원형~ + now.

(1) If I had accepted his proposal, I would be rich now.

(2) If I had done a study abroad program in high school, I would be fluent in a foreign language now.

(= I didn't do a study abroad program in the past, so I am not fluent in a foreign language now.)

2 가정법과 유사한 표현

2-1 I wish + 가정법

현재 또는 미래에 이루기 힘든 소망이나 과거에 실현되지 못한 일에 대한 아쉬움 등을 나타낼 때 쓴다.

I wish + 가정법과거 (~라면 좋을 텐데)
· I wish I could play basketball very well.

I wish + 가정법 과거완료 (~했다면 좋을 텐데)
· I wish we had been to the Grand Canyon.

2-2 as if + 가정법

현재나 과거의 사실과 반대되는 것을 가정하는 것으로, '실제로는 그렇지 않지만 그런 척하다'는 의미를 나타낸다.

as if + 가정법과거 (마치 ~인 것처럼)
· He always talks as if he knew everything.

as if + 가정법 과거완료 (마치 ~였던 것처럼)

· He looks as if he had been very sick.

If it were not for ~ / If it had not been for ~

If it were not for ~ (~가 없다면, ~할 텐데)

· If it were not for the war, they could live a peaceful life.

If it had not been for ~ (~가 없었다면, ~했을 텐데)

· If it had not been for his financial support, I couldn't have finished my degree.

3 **후회를 나타내는 3가지 표현**

3-1 **가정법 과거완료로 후회를 나타낸다.**

If(only) / I wish + past perfect

· If the man had arrived twenty five minutes earlier, the man would have married the woman.

· If the man had arrived at the wedding earlier, the woman would not have married another man.

3-2 **If(only) / I wish + past perfect**

· If I hadn't stopped, I'd be able to read music now.
· If only I had accepted his proposal.

· I wish I hadn't stopped playing the piano.

3-3 Regret ~ing

· I regret not moving to Tokyo. (I'm unhappy I didn't move.)
· I don't regret moving to Tokyo. (I'm happy I moved.)
· I regret not going to Summer Internship Program in the Philippines.
· I don't regret going to Summer Internship Program in the Philippines.

Pattern Practice

1. If the CEO had not abruptly resigned then, our company
_____ a more powerful and efficient system now.

(A) could have had   **(B) could have**   (C) has   (D) could have been

해석

: 만약 CEO가 갑작스럽게 물러나지 않았다면, 회사는 지금쯤 더 강하고 더 능률적인
시스템을 가지고 있을 텐데.

▶ 문장 구조 분석

If + 주어 + had + p.p.~, 주어 + could + have ~ now. 구조의 혼합가정 문장
이다.

(D)가 답이 될 수 없는 이유는 주어 + 동사 + 목적어 형식이기 때문에 be +
pp 수동태가 쓰일 수 없다.

abruptly 갑자기, 불쑥
resign v.사퇴하다 물러나다.

2. _____ for your personal interest and knowledge, our holiday in Greece would not have been more enjoyable than any other place we visited.

(A) Without   (B) If   **(C) But**   (D) As

▶ 문장 구조 분석

But for는 without과 같은 의미로 '~이 없다면'의 뜻이다.

(D) As for ~에 관해 말하자면

3. A significant number of customers requested that the computer vaccine program _____ strengthened enough to remove all the viruses.

(A) be (B) are (C) have (D) has

해석

: 상당수의 고객이 컴퓨터 백신 프로그램이 모든 바이러스가 제거될 수 있도록 충분히 강해져야 한다고 요구했다.

▶ **문장 구조 분석**

주어(a significant number of customers) + 동사(request) + 목적어 (that ~) 구조의 3형식 문장이다. request 동사가 나오면 that 이하 절에서 주어 + (should) + 동사원형 구조가 된다.

4. Had he _____ as chairman of the committee, the company might have embarked on the major construction of the sports complex.

(A) chose   **(B) been chosen**   (C) choose   (D) being chosen

---

해석

: 그가 이사회의 회장으로 선택되어졌다면, 회사는 주요 스포츠 복합단지 건설에 착수했을지도 몰라.

▶ 문장 구조 분석

가정법 도치 문장이다. 원래 문장은 (If) he had been chosen. he가 스스로 회장으로 되는 것이 아니라 누군가에 의해 회장으로 선택되어지는 것이기 때문에 He had been p.p. 수동태로 쓰였다.

embark는 배에 승선하다라는 의미이지만 embark on something으로 쓰여 '~에 착수하다'라는 의미를 갖는다.

5. It is imperative that they _____ someone in the village who can give them the assistance they need.

(A) be contacted   **(B) contact**   (C) contacting   (D) had contact

---

해석

: 그들은 마을 내에서 그들에게 도움을 줄 수 있는 사람과 연락하는 것은 필수적이다.

▶ 문장 구조 분석

It is imperative that 주어 + (should) + 동사원형 구조이다. imperative 동사가 나오면 that ~ 이하 절에서 should가 생략되어 동사원형만 남는다.

Pattern Practice HW

1. I strongly recommend that this _____ your first step as you consider purchasing a new house.

(A) to be   (B) being   (C) been   (D) be

2. It would have been much better to _____ all the walls and the ceiling before assembly.

(A) have painted   (B) have been painted

(C) be painted   (D) be painting

3. _____ you accidentally delete important files and need them restored, please contact the system manager.

(A) That   (B) Should   (C) Before   (D) So

4. If you _____ any of the following side effects, stop taking the medicine and contact your doctor immediately.

(A) had experienced   (B) experience

(C) experiences   (D) have been experienced

5. As soon as we have official performance standards for Project X, we _____ let everyone know.

(A) had   (B) have been   (C) will   (D) would be

6. Once you _____ a selection of place, click on the button "Submit" below or above the picture, to obtain the information available.

(A) makes   (B) will make   (C) made   (D) have made

7. If Alisa had not given me information, I _____ never have encouraged Mia to seek the advice of an attorney.

(A) can   (B) would   (C) must   (D) need

8. If the market mechanisms already in place had functioned effectively, those companies would _____.

(A) eliminate

(B) be eliminating

(C) have been eliminated

(D) had been eliminated

9. If the printer had been damaged during shipment, the company _____ to send Mr. Kim a replacement.

(A) would have offered

(B) has offered

(C) is being offered

(D) would have been offered

10. If its proposal _____ more detailed, Grand Manufacturing might now be our only supplier of steel parts.

(A) has been   (B) had been   (C) was being   (D) were being

Sentence Building

1

얼음에 열을 가하면 얼음은 녹는다.

If you heat ice, it melts.

▶ 문장 구조 분석

If절이 오더라도 자연과학이나 불변의 진리인 경우 시제의 영향을 받지 않고 항상
현재형만 쓴다.

2

네가 만약 나에게 진실을 말한다면 널 가게 해줄게.

If you tell me the truth, I will let you go.

▶ 문장 구조 분석

가정법 현재라고도 하고 조건절이라고 부른다. 예문에서 보면 아직 비가 오지 않았
으므로 if절에서 미래시제가 쓰일 것 같지만 조건을 나타내는 if절에서는 현재가 가
까운 미래를 대신한다.

3

만약 그가 복권에 당첨된다면 그는 백만장자가 될 거야.

If he should win the lottery, he will be a millionaire.

▶ 문장 구조 분석

가정법 미래는 미래에 일어나기 힘든 상황, 즉, 실현가능성이 낮은 상황을 대체적으
로 포함한다.

4	나한테 충분한 시간이 있다면 난 택시를 타지 않을 거야. If I had enough time, I would not take a taxi.

▶ 문장 구조 분석

가정법 과거완료라고 부른다. 과거 사실과 반대되는 일을 가정하거나 소망할 때 쓰며, '~ 했으면, ~ 했었을 텐데'라는 의미이다.

가정법 과거완료 만드는 공식

If + 주어 + had + p.p., 주어 + could, would, might, should + have + p.p ~

5	내가 만약 너였다면 난 똑같은 실수를 하지 않았을 거야. If I had been you, I wouldn't have made the same mistake.

▶ 문장 구조 분석

가정법 과거완료 문장이다.

6	그가 공부를 했었더라면 시험에 합격할 수 있었을 거야. If he had studied, he would have passed the exam.

▶ 문장 구조 분석

가정법 과거완료 문장이다.

7	만약 비가 오지 않았더라면 우리는 해변에 갈 수 있었을 거야. If it hadn't rained, we would have gone to the beach.

▶ 문장 구조 분석

가정법 과거완료 문장이다.

8

만약 내가 계속해서 피아노를 쳤었더라면 난 피아니스트가 되었을 거야.

If I had continued to play the piano, I would have been a pianist.

▶ 문장 구조 분석

가정법 과거완료 문장이다.

9

내가 만약 그의 제안을 받아들였더라면 난 지금 유명해져 있을 텐데.

If I had accepted his proposal, I would be famous now.

▶ 문장 구조 분석

혼합가정이라고 부른다. 현재의 시점에서 과거에 못한 일에 대한 후회를 나타낸다. 조건절은 가정법 과거완료이고 주절은 가정법 과거이며 문장 맨 끝에 now가 붙는다.

If + 주어 + had + p.p., 주어 + could, would, might, should + 동사원형~ + now.

10

내가 고등학교 때 해외에서 공부하는 프로그램을 했었더라면 지금쯤 외국어를 능숙하게 잘 할 텐데.

If I had done a study abroad program in high school, I would be fluent in a foreign language now.

▶ 문장 구조 분석

혼합가정 문장이다.

11

난 내가 야구를 잘하기를 소망해.

I wish I could play baseball very well.

▶ 문장 구조 분석

wish + 가정법 문장으로 현재 또는 미래에 이루기 힘든 소망이나 과거에 실현되지

못한 일에 대한 아쉬움 등을 나타낼 때 쓴다.

I wish + 가정법 과거는 '~라면 좋을 텐데'의 의미가 있다.

12

유럽에 가 보았으면 좋았을 텐데.

I wish we had been to Europe.

▶ 문장 구조 분석

wish + 가정법 과거완료는 '~했다면 좋을 텐데'의 의미가 있다.

13

그는 언제나 마치 그가 모든 것을 아는 것처럼 말한다.

He always talks as if he knew everything.

▶ 문장 구조 분석

as if + 가정법은 현재나 과거의 사실과 반대되는 것을 가정하는 것으로, '실제로는

그렇지 않지만 그런 척하다'는 의미를 나타낸다. '마치 ~인 것처럼'이라는 의미를 갖

는다.

14

마치 그가 앓았었던 것처럼 보인다.

He looks as if he had been very sick.

▶ 문장 구조 분석

as if + 가정법 과거완료 문장으로 과거 사실의 반대를 나타낸다. '마치 ~였던 것처

럼'이라는 의미를 갖는다.

15

전쟁이 아니라면 그들은 평화로운 삶을 살 텐데.

If it were not for the war, they could live a peaceful life.

▶ 문장 구조 분석

가정법과 유사한 표현으로 If it were not for ~라는 표현은 '~가 없다면, ~할 텐데'라는 의미가 있다.

16

그의 재정적 지원이 없었더라면 난 대학을 마칠 수 없었을 텐데.

If it had not been for his financial support, I couldn't have finished my college.

▶ 문장 구조 분석

If it had not been for ~ 가정법과 유사한 표현으로 과거에 '~가 없었다면, ~했을 텐데' 의미를 가진다.

17

만약 그가 25분 일찍 도착했었더라면 그는 그 여자와 결혼 할 수 있었을 텐데.

If the man had arrived twenty five minutes earlier, the man would have married the woman.

▶ 문장 구조 분석

가정법 과거완료 문장이다. 과거 사실과 반대되는 일을 가정하거나 소망할 때 쓰며, '~ 했으면, ~했었을 텐데'라는 의미이다.

18

내가 그의 제안을 받아들이기만 했었더라면. (If Only)

If only I had accepted his proposal.

▶ 문장 구조 분석

후회를 나타내는 표현으로 가정법 과거완료 표현이다.

If(only) / I wish + past perfect 문장은 '만약 ~한다면' 의미를 가진다.

19

도쿄에 이사 가지 않은 것을 후회해.

I regret not moving to Tokyo.

▶ 문장 구조 분석

Regret ~ing라는 표현으로 후회를 나타낸다.

20

필리핀에서 하는 여름 인턴쉽 프로그램 간 것을 후회하지 않아.

I don't regret going to Summer Internship Program in the Philippines.

▶ 문장 구조 분석

후회를 나타내는 Regret ~ing 표현으로 regret 부정형으로 썼다.

Sentence Building HW

1 해는 매일 아침 뜬다.

2 만약 비가 온다면 난 집에 있을 거야.

3 만약 내가 배우가 된다면 난 대스타가 될 거야.

4 내가 슈퍼맨이라면 날 수 있을 텐데.

5	내가 만약 영어 공부를 열심히 했었더라면 시험에 떨어질까봐 걱정할 필요가 없었을 텐데.

6	내가 만약 운동을 열심히 했었더라면 살이 찔까봐 걱정할 필요가 없었을 텐데.

7	내가 만약 인턴쉽 프로그램을 갔었더라면 지금쯤 영어를 능숙히 잘할 텐데.

8	내가 만약 그 제안을 받아들였더라면 지금쯤 부자일 텐데.

9	내가 만약 기타를 계속 연주했었더라면 유명한 음악가가 되어있었을 텐데.

10   내가 그 충고를 들었더라면 경쟁에서 이길 수 있었을 텐데.

11   난 내가 피아노 잘하기를 소망해.

12   샌프란시스코에 가 보았으면 좋았을 텐데.

13   그는 언제나 마치 그가 모든 것을 하는 것처럼 말한다.

14   마치 그가 건강했던 것처럼 보인다.

15   코로나19가 아니라면 난 학교에 갈 수 있을 텐데.

16	만약 그가 결혼식에 일찍 도착했었더라면 그녀는 다른 남자와 결혼하지 않았을 텐데.

17	그녀의 재정적 지원이 없었더라면 난 의사가 되지 못했을 텐데.

18	내가 피아노를 그만두지 않았었기를 소망한다. (I wish)

19	남쪽으로 이사 간 것을 후회하지 않아.

20	필리핀에서 하는 여름 인턴쉽 프로그램 가지 않은 것을 후회해.

Unit 6

Comparative & Superlative
(비교급 & 최상급)

(A) Key Grammar Pattern

1 as + 원급 + as ~ : ~만큼 ~한

· Jejudo is as beautiful as Hawaii.
· Lisa gets up as early as Jim.

2 not as[so] + 원급 + as ~ : ~만큼 ~하지 않은

· The movie is not as[so] interesting as its original story.
= The original story is more interesting than the movie.

· English is not as difficult as Russian.
= Russian is more difficult than English.

3 배수사 + as + 원급 + as ~ : ~보다 몇 배 더 ~한

· Seoul Tower is twice as high as this building.
· A cello is four times as big as a violin.

4   as + 원급 + as possible : 가능한 ~한[하게]

· He ate as much as possible.

= He ate as much as he could.

· Kate played basketball as hard as possible.

= Kate played basketball as hard as she could.

5   비교급의 강조

〈much, far, still, even, a lot + 비교급〉의 형태로, '훨씬 더 ~한'이란 의미를 나타낸다.

· Iron is still stronger than stone.

· A movie is a lot more popular to young people than a play.

6   비교급을 이용한 다양한 표현

6-1   the 비교급, the 비교급 : ~할수록 더 ~한

· The harder she practices, the sooner her dream will come true.

· The more friends he has, the happier he feels.

6-2 비교급 + and + 비교급 : 점점 더 ~한

· It gets colder and colder in December.

· The singer became more and more famous.

6-3 less + 원급 + than : ~보다 덜 ~한 (열등비교)

· Mt. Halla is less high than Mt. Baekdu.

= Mt. Halla is not so[as] high as Mt. Baekdu.

= Mt. Baekdu is higher than Mt. Halla.

7 최상급 강조

〈by far, much, very + 최상급〉의 형태로, '단연 ~한'의 의미이다.

· The Lord of the Rings is by far the best movie.

· Einstein is the very greatest scientist.

8 원급과 비교급을 이용한 최상급 표현

· John is the smartest boy in his class.

= John is smarter than any other boy in his class.

· No boy is as[so] smart as John in his class.

= No boy is smarter than John in his class.

9   최상급을 이용한 다양한 표현

9-1   **one of the + 최상급 + 복수 명사 : 가장 ~한 것들 중 하나**

· King Sejong is one of the most famous kings in Korea.

· One of the most popular teachers in my school is Mr. Kim.

9-2   **최상급 + 명사 + (that) + 주어 + have + ever + 과거분사 : ~해 본 중 가장 ~한**

· Bulgogi is the best Korean food (that) I've ever tried.

· Last leaf is the saddest story I've ever read.

Pattern Practice

1. We recommend a company with 20 year's experience to ensure your Internet connection is as _____ as possible.

(A) reliant   **(B) reliable**   (C) reliably   (D) reliability

▶ 문장 구조 분석

주어 + 동사 + 목적어(a company with~) 구조의 3형식 문장이다. to~ 이하는 '~하기 위하여'라는 의미를 가진 부정사이다. as 형용사 as는 동급비교를 나타낸다.

2. Following a meeting with the company, we believed the prospects for the business were not as _____ as we had previously perceived.

(A) encourage   (B) encouraged   **(C) encouraging**   (D) encouragement

---

해석

: 회사와 미팅을 가진 후에 우리는 비즈니스 전망이 우리가 전에 인식했던 것처럼 고무적이 아니라는 것을 믿게 되었다(알게 되었다).

▶ **문장 구조 분석**

주어(we) + 동사(believed) + (that) + 주어(the prospects for the business) + 동사(were) + not + as 형용사 as + 주어 + 동사
관계대명사 that이 생략된 3형식 문장이다. that~ 이하 절에서는 as 형용사 as 구조로 동급비교를 하였다.

Following~은 분사구문이다. 분사구문은 원래 접속사 + 주어 + 동사 문장인데 의미상 접속사와 주어를 알 수 있으므로 생략하고 동사만 남겨서 능동이면 ~ing 수동이면 ~ed 형태로 쓴다. 원래 문장은 When we follow the meeting with~.

3. We have created a very simple step−by−step guide to help you complete this finance visa process as _____ as possible.

(A) more efficient   (B) efficiency   (C) efficient   **(D) efficiently**

▶ 문장 구조 분석

원급(동등 비교)인 as ~ as 사이에 들어갈 알맞은 품사 고르는 문제이다. '효과적으로'가 꾸미는 것이 동사이므로 부사를 쓴다.

4. Mr.Lee will be remembered as much for his teaching skill
_____ for professional manner.

(A) than   (B) so   **(C) as**   (D) more

해석

: 이 선생은 전문가다운 매너로서 만큼 그의 가르치는 기술에 대해서도 많이 기억될 것
이다.

▶ 문장 구조 분석

as ~ as 원급 비교 구문이다.

5. There are several things I will not explain in writing because they are far _____ explained in person.

(A) most easily   (B) easiest   **(C) more easily**   (D) easy

---

해석

: 직접 설명하면 훨씬 쉽기 때문에 내가 서면으로 설명하지 못하는 몇 가지 부분들이 있다.

▶ 문장 구조 분석

much, even, still, far, a lot + 비교급은 '훨씬'이라고 해석되는 비교급을 강조하는 부사들이다.

in writing 서면으로

in person 직접

Pattern Practice HW

1. Anderson Smith who was appointed to teach mathematics and science was the _____ qualified to teach the latter.

    (A) better   (B) much   (C) far   (D) well

2. The more satisfaction the customers get, the _____ it is for the company.

    (A) good   (B) better   (C) best   (D) well

3. Between the two candidates, Ms. Kim is thought to be the better _____ considering her expertise in data processing.

    (A) qualification   (B) qualified   (C) qualifiedly   (D) qualifying

4. The overlook situated along the old stone seawall provides the most _____ view.

(A) outward   (B)l ong   (C) dramatic   (D) deep

5. Everyone in a business environment knows that _____ is more valuable than personal contacts.

(A) something   (B) everything   (C) nothing   (D) anything

6. In this country, Europeans were the _____ largest group among the older foreign−born population in 2020.

(A) alone   (B) single   (C) secluded   (D) separate

7. All the staff of West Tech objected in the _____ possible terms to the development plan proposed by their local government.

(A) largest   (B) strongest   (C) tallest   (D) biggest

8. Jiangsu Province has emerged as the country's _____ largest exporter in 2020 after Guangdong Province in south China.

(A) two   (B) double   (C) twice   (D) second

9. Signed contracts should be returned by the 24th of the month at the _____ to ensure payment on the 27th.

(A) late   (B) later   (C) latest   (D) latter

10. Gateway Airlines is using _____ of its single−engine planes now than ever before.

(A) few   (B) fewer   (C) fewest   (D) anything

Sentence Building

1

영화는 원 소설보다 재미있지는 않았다.

The movie is not as[so] interesting as its original novel.

▶ 문장 구조 분석

비교급 문장으로 not as[so] + 원급 + as ~ 형식이다, ' ~만큼 ~하지 않은'의 의미
이다.

2

첼로는 바이올린보다 4배 더 크다.

A cello is four times as big as a violin.

▶ 문장 구조 분석

비교급 문장으로 as + 원급 + as ~ 형식이다, ' ~만큼 ~한'의 의미이다.

3

철은 돌보다 훨씬 더 강하다.

Iron is still stronger than stone.

▶ 문장 구조 분석

much, far, still, even, a lot + 비교급의 형태로 비교급의 강조를 나타낼 때 쓰이는
표현이다. '훨씬 더 ~한'이란 의미를 나타낸다.

4

더 많은 친구를 가질수록 그는 더 행복하게 느낀다.

The more friends he has, the happier he feels.

▶ 문장 구조 분석

the 비교급, the 비교급으로 '~할수록 더 ~한' 의미이다.

5

12월에는 갈수록 더 추워진다.

It gets colder and colder in December.

▶ 문장 구조 분석

비교급 + and + 비교급 표현으로 '점점 더 ~한' 의미이다.

6

한라산은 백두산만큼 높지 않다.

Mt. Halla is less high than Mt. Baekdu.

▶ 문장 구조 분석

less + 원급 + than 표현으로 '~보다 덜 ~한(열등비교)' 의미이다.

7

로드 오브 더 링이란 영화는 단연코 가장 좋은 영화이다.

The Lord of the Rings is by far the best movie.

▶ 문장 구조 분석

by far, much, very + 최상급의 형태로 최상급을 강조하는 표현이다. '단연 ~한'의
의미이다.

8

존은 그의 학급에서 다른 어느 소년보다도 똑똑하다.

John is smarter than any other boy in his class.

= John is the smartest boy in his class.

= No boy is as[so] smart as John in his class.

= No boy is smarter than John in his class.

▶ 문장 구조 분석

원급이나 비교급을 이용하여 최상급을 표현할 수 있다.

9

세종대왕은 한국에서 가장 유명한 왕 중의 하나이다.

King Sejong is one of the most famous kings in Korea

▶ 문장 구조 분석

one of the + 최상급 + 복수명사의 형태로 최상급을 나타낼 수 있다. '가장 ~한 것들 중 하나'라는 의미이다.

One of the most popular teachers in my school is Mr. Kim.

10

불고기는 내가 먹어본 것 중에 최고의 한국 음식이다.

Bulgogi is the best Korean food (that) I've ever tried.

▶ 문장 구조 분석

최상급 + 명사 + (that) + 주어 + have + ever + 과거분사로서 최상급을 표현하고 '~해 본 중 가장 ~한'이라는 의미이다.

Sentence Building HW

1	영어는 러시아어보다 어렵지 않다.

2	서울 타워는 이 건물의 2배 높다.

3	영화는 젊은 사람들에게 연극보다 훨씬 더 인기가 좋다.

4	그녀가 더 열심히 연습할수록 그녀의 꿈은 더 빨리 실현된다.

5 그 가수는 갈수록 더 유명해졌다.

6 63타워는 롯데 타워보다 더 높다.

7 아이슈타인은 가장 위대한 과학자 중의 한 명이다.

8 존은 그의 학급에서 어느 소년보다도 키가 크다.

9 세종대왕은 한국 역사상 단연코 최고의 왕이다.

10 마지막 잎새는 내가 지금까지 읽어본 것 중에서 가장 슬픈 이야기이다.

Unit 7

Relative Pronoun
& Relative Adverb
(관계대명사 & 관계부사)

Ⓐ **Key Grammar Pattern**

1 **관계대명사의 역할과 종류**

관계대명사는 두 문장에서 공통되는 단어를 없애고 두 문장을 이어주는 역할을 한다. 관계대명사는 두 문장을 연결하는 접속사이면서, 동시에 앞에 나온 명사를 수식하는 절을 이끄는 대명사의 역할을 한다. 그러므로 관계대명사 절은 앞에 있는 명사를 꾸며주는 형용사절이다.

· I met a girl. + She speaks English very well.

→ I met a girl who speaks English very well.

관계대명사 앞에 오는 명사를 선행사라 부르는데 선행사에 따라 쓸 수 있는 관계대명사가 다르다. 선행사에 따라 어떤 관계대명사를 쓸 것인지가 결정되며, 관계대명사가 이끄는 절에서 관계대명사의 역할이 주격인지 소유격인지 목적격인지에 따라 결정된다.

선행사격	주격	목적격	소유격
사람	who, that	who(m), that	whose
사물, 동물	which, that	which, that	whose, of which
사람+사물(동물)	that	that	-
선행사 없음	what(~하는 것)	what(~하는 것)	-

2 　주격 관계대명사

2-1 관계대명사가 이끄는 절에서 관계대명사가 주어의 역할을 할 때 주격 관계대명사라고 부른다. 그러므로 주격 관계대명사 다음에는 동사가 온다.

- He is the boy who(that) tried to meet you.
- This is the book which(that) was mentioned in the book club.
- I saw a lady and a dog that were running in the rain.

2-2 　주격 관계대명사 + be동사 생략

주격 관계대명사 다음에 be동사가 오는 경우 생략할 수 있다.

be동사 뒤에 현재분사 또는 과거분사, 전치사구가 올 경우, 관계대명사와 be동사를 생략하고 분사나 전치사구만으로 선행사를 수식할 수 있다.

- The boy who is playing baseball in the field is my brother.
- → The boy playing baseball in the field is my brother.
- This is the picture which is painted by Davinci.
- → This is the picture painted by Davinci.
- You can borrow the DVD that are in this library.
- → You can borrow the DVD in this library.

그러나 주격 관계대명사 단독으로는 생략이 불가하다.
- The man who wants to meet you is your supervisor. (O)
- The man wants to meet you is your supervisor. (X)

3 목적격 관계대명사

관계대명사가 이끄는 절 안에서 관계대명사가 목적어의 역할을 할 때 목적격 관계대명사라고 한다. 그러므로 목적격 관계대명사 다음에는 주어와 타동사가 있다.

· She likes the boy. + She met him at the seminar.

→ She likes the boy who(m)(that) she met at the seminar.

· The computer is excellent. + I bought it last month.

→ The computer which(that) I bought last month is excellent.

· I want to help the old lady and her dog. + I meet them in the park.

→ I want to help the old lady and her dog that I meet in the park.

관계대명사가 전치사의 목적어일 경우 전치사를 관계대명사 앞에 쓸 수 있다. 전치사 다음에는 whom을 쓴다.

· He is a trustworthy man. + We can depend on him.

→ He is a trustworthy man who(m) we can depend on.

→ He is a trustworthy man on whom we can depend.

관계대명사 that의 경우 전치사가 that 앞에 오지 않는다.

· This the house. + Our family lives in the house.

→ This the house in which our family lives. (O)

→ This the house in that our family lives. (X)

→ This the house that our family lives in. (O)

목적격 관계대명사는 항상 생략할 수 있다.

· She likes the boy who(m)(that) she met at the seminar.

→ She likes the boy she met at the seminar.

4 　소유격 관계대명사

　관계대명사가 이끄는 절에서 관계대명사가 소유격 + 명사로 소유격을 대신하는 것을 소유격 관계대명사라고 한다. 그러므로 소유격 관계대명사 다음에는 명사가 온다. 선행사가 사람과 사물인 경우 whose를 쓴다. 사물인 경우 of which도 쓸 수 있으나 잘 쓰이지 않는다.

· I like the book. + The book's cover is yellow.

→ I like the book whose cover is yellow.

5 　선행사를 포함하는 관계대명사 (what)

　관계대명사가 이끄는 문장은 앞에 있는 선행사를 수식하기 때문에 형용사적 역할을 하지만, 선행사를 포함한 관계대명사인 what은 명사 역할을 한다. 그러므로 문장 안에서 주어, 목적어, 보어로 쓰일 수 있다.

· The thing that(which) I want is to graduate the school this year.

→ What I want is to graduate the school this year.

· I can't understand the thing that(which) you try to do.

→ I can't understand what you try to do.

· This is the thing that(which) I want to buy.

→ This is what I want to buy.

의문사와 관계대명사의 차이

의문사 who. which, what은 '누구, 어떤 것, 무엇'이라는 뜻을 가진다. 반면, 관계대명사 who, which, what은 '누구, 어떤 것, 무엇'이라는 뜻이 없다. 다만 선행사를 수식하는 문장의 접속사와 대명사의 역할을 한다.

- I wonder who the president of this country is. (의문사)
- I know the boy who is good at painting. (관계대명사)

6　관계부사 (when, where, why, how)

　문장 안에서 시간, 장소, 이유, 방법을 나타내는 『전치사 + 명사』로 이루어진 부사구를 대신하며, 선행사를 수식한다. 이때 『전치사 + 명사』인 관계부사에서 명사만 관계대명사로 바꾸어 『전치사 + 관계대명사』로 나타낼 수 있다.

선행사		관계부사	전치사+which
시간	the time, the day...	when	at/on/in + which
장소	the place, the house...	where	in/at/to + which
이유	the reason	why	for + which
방법	the way	how	in + which

- I will never forget the day. + We first met on the day.
- → I will never forget the day on which we first met.
- → I will never forget the day that we first met on.
- → I will never forget the day when we first met.

- We will sell the house. + we live in the house.
- → We will sell the house in which we live.
- → We will sell the house that we live in.
- → We will sell the house where we live.

· I don't know the reason. + He didn't come back home.

→ I don't know the reason for which he didn't come back home.

→ I don't know the reason that he didn't come back home for.

→ I don't know the reason why he didn't come back home.

→ I was surprised at the way how he found out the truth. (X)

how의 경우 how와 선행사를 둘 다 쓸 수 없다. 그러나 when, where, why의 경우 선행사가 있을 때 관계부사를 생략할 수 있다.

· I will never forget the day we first met. (관계대명사 when 생략 가능)

· We will sell the house we live. (관계대명사 where 생략 가능)

· I don't know the reason he didn't come back home. (관계대명사 why 생략 가능)

시간, 장소, 이유를 나타내는 선행사는 생략 가능하다.

· I will never forget when we first met. (시간 선행사 생략 가능)

· We will sell where we live. (장소 선행사 생략 가능)

· I don't know why he didn't come back home. (이유 선행사 생략 가능)

7 관계사의 계속적 용법

관계대명사와 관계부사는 관계사가 이끄는 문장이 선행사를 수식하는 한정적 용법이 대부분이지만, 계속적 용법의 경우 선행사에 대한 부가적인 정보를 제공한다. 앞에 주절부터 해석하고 관계사절을 and로 해석한다. 형태는 『, + 관계대명사(who, which)』 또는 『, + 관계부사(when, where)』이다.

· My school went to the field trip, where we had lots of fun.

8 복합 관계대명사

8-1 관계대명사 who/which/what에 -ever를 붙인 것으로, 명사절(~라든지) 또는 양보절(~하더라도)을 이끈다.

관계대명사	복합관계대명사	역할	
		명사절	양보절
who	whoever	anyone who	no matter who
which	whichever	anything what	no matter which
what	whatever	anything that	no matter what

8-2 명사절: 문장에서 주어나 목적어 역할을 하며, '~하는 것은 누구/어느 것/무엇이든지'로 해석한다. <선행사+관계대명사>로 바꿔 쓸 수 있다.

(1) Whoever comes first will take this ticket. 〈주어〉 (=Anyone who)

(2) Whatever you say is helpful to me. 〈주어〉 (=Anything that)

(3) Don't give your kids whatever they want. 〈목적어〉 (=anything that)

(4) You can invite whoever wants to join this party. 〈목적어〉 (=anyone who)

8-3 양보절: 양보의 부사절로, '누가/어느 것/무엇을 ~한다 할지라도'로 해석한다.

(1) I won't do it, whoever asks. (=no matter who)

(2) Whichever you may choose, you will like it. (=No matter which)

(3) Whatever you may sing, we'll enjoy the song. (=No matter what)

Pattern Practice

1. The peculiar item code _____ is shown in the warranty is necessary in times of after service.

(A) that   (B) what   (C) whenever   (D) whose

해석

: 보증서에 나와 있는 특이한 품목 코드는 사후 서비스 할 때 필요하다.

▶ 문장 구조 분석

문장 구조 분석

주어(the peculiar item code is shown~) + 동사(is) + 보어(necessary) +
부사구(in times of ~) 구조의 2형식 문장이다.

___ is shown in the warranty 는 선행사인 code를 수식하는 관계대명사절
이다.

peculiar 특별한

2. Among all the participants, Oregonston Co. was the first one
_____ volunteered to demonstrate their new product at the
exhibition next month.

(A) what   **(B) which**   (C) whosever   (D) who

해석

: 모든 참가자들 가운데 다음 달에 있을 전시회에서 가장 먼저 그들의 신제품을 시연하
기 위해 자원한 팀은 Oregonston회사이다.

▶ **문장 구조 분석**

주어(Oregonston Co.) + 동사(is) + 보어(the first one) 구조의 2형식 문장
이다. '__ volunteered to demonstrate ~'는 선행사인 the first one을 수식
하는 관계대명사이다. one은 company를 받는 대명사로 쓰였다.

3. The safety of the community has been the major issue _____ most townspeople are concerned.

(A) in which   **(B) about which**   (C) about   (D) that

해석

: 지역사회의 안전은 대부분의 마을 사람들이 우려하는 주요한 이슈였다.

▶ 문장 구조 분석

주어(the safety ~) + 동사(has been) + 보어(the major issue) + which most townspeople are concerned about. 문장이다. 관계대명사 + 전치사 의 경우 전치사가 관계대명사 앞에 위치할 수 있다.

4. When using our web-site, please direct any questions to the staff _____ deals with your credit status.

(A) whose   (B) which   **(C) who**   (D) whom

해석

: 당사의 웹 사이트를 이용할 때 귀하의 신용 상태를 다루는 직원에게 문의하십시오.

▶ 문장 구조 분석

주절은 please~로 시작하는 명령문이다. 종속절은 when~으로 시작하는 분사구문이다. 분사구문이란 접속사 + 주어+ 동사인데 주절에서 접속사와 주어를 알 수 있으므로 접속사와 주어를 생략하고 동사만 남겨서 ~ing 또는 ~ed를 붙여 분사를 사용하는 것을 말한다. 가끔 뜻을 분명하게 하기 위해 접속사를 남기는 경우도 있다. 원래 문장은 When you use our web-site, please~이다.

direct A to B는 'B에게 A를 던져라'라는 의미를 갖는다.

the staff ____ deals with는 '선행사(the staff) + 관계대명사 주격 + 동사'의 구조이다.

5. Quite often people are not satisfied with the purchases made at department stores, _____ means higher prices do not always translate into higher quality.

(A) which   (B) where   (C) what   (D) who

해석

: 종종 사람들은 백화점에서의 구매에 만족하지 않습니다. 높은 가격이 항상 높은 품질로 해석되는 않는다는 의미입니다.

▶ **문장 구조 분석**

which는 관계대명사의 계속적 용법으로 선행사는 앞 문장 전체이다. 해석은 'and'로 한다.

Pattern Practice HW

1. If you know of other energy or science projects that _____ on the Internet, please let us know by e-mail.

   (A) has   (B) have   (C) are   (D) is

2. For _____ students who wish to experience life in a foreign country, the General English Course would be an excellent choice.

   (A) whose   (B) which   (C) those   (D) whom

3. The key aim of our marine campaign is to push government to improve the way in which our seas _____.

   (A) manages   (B) is managing   (C) are managed   (D) managers

4. They need to know _____ competitors are doing and to be open for many kinds of changes.

(A) that   (B) what   (C) which   (D) whether

5. The general hospital in the town of Keywest has more than 100 doctors, most of _____ are women.

(A) those   (B) who   (C) whom   (D) them

6. _____ in the department should make sure that they were aware of the mission, the vision and the educational objectives.

(A) Everyone   (B) Whoever   (C) Whomever   (D) Whosever

7. _____ difficult it may be to accomplish, changes can be implemented successfully when directed by a strong and knowledgeable leader.

(A) Whenever   (B) However   (C) Whatever   (D) Wherever

8. You are responsible to contact me for missed work _____ you stay away from class for any reasons.

(A) whenever   (B) whosever   (C) whatever   (D) wherever

9. You will find _____ you are looking for in an online costumes store and you can have it delivered to your door.

(A) whenever   (B) wherever   (C) however   (D) whatever

10. _____ course you take, you will develop the knowledge, skills and attitudes necessary to communicate with patients.

(A) However   (B) Whichever   (C) What   (D) Which

Sentence Building

1 나는 여자와 개가 빗속에서 뛰는 것을 보았다.

I saw a woman and a dog that were running in the rain.

▶ 문장 구조 분석

관계대명사가 이끄는 절에서 관계대명사 that이 주어의 역할을 하므로 주격관계대
명사라고 부른다. 주격관계대명사 다음에는 동사(were running)가 온다. 이 문장
의 경우 선행사가 a lady and a dog이므로 동사는 복수형으로 쓰였다.

2 들판에서 야구를 하고 있는 소년은 나의 형제이다.

The boy who is playing baseball in the field is my brother.

▶ 문장 구조 분석

이 문장은 The boy playing baseball in the field is my brother.로 쓸 수 있다. 주격
관계대명사 + be동사가 오는 경우 be동사를 생략할 수 있다. be동사 뒤에 현재분사
또는 과거분사, 전치사구가 올 경우, 관계대명사와 be동사를 생략하고 분사나 전치
사구만으로 선행사를 수식할 수 있다.

3

그녀는 세미나에서 만났던 소년을 좋아한다.

She likes the boy who(m) (that) she met at the seminar.

▶ **문장 구조 분석**

위 문장에서 who(m)는 목적격 관계대명사로 쓰였는데 관계대명사가 이끄는 절 안에서 관계대명사가 목적어의 역할을 하기 때문이다. 목적격 관계대명사 다음에는 주어와 타동사가 있다.

4

그는 우리가 의지할 만한 신뢰성있는 사람이다.

He is a trustworthy man on whom we can depend.

▶ **문장 구조 분석**

관계대명사가 전치사의 목적어일 경우 전치사를 관계대명사 앞에 쓸 수 있다. 전치사 다음에는 whom을 쓴다. 이 문장은 He is a trustworthy man.이란 문장과 We can depend on him.이라는 문장이 합쳐져서 He is a trustworthy man who(m) we can depend on.이라는 문장으로 되었기 때문이다.

5

나는 표지가 노란 책을 좋아한다.

I like the book whose cover is yellow.

▶ **문장 구조 분석**

관계대명사가 이끄는 절에서 관계대명사가 소유격 + 명사로 소유격을 대신하는 것을 소유격 관계대명사라고 한다. 그러므로 소유격 관계대명사 다음에는 명사가 온다. 선행사가 사람과 사물인 경우 whose를 쓴다. 사물인 경우 of which도 쓸 수 있으나 잘 쓰이지 않는다.

6

나는 네가 무엇을 하려고 하는지 이해할 수 없다.

I can't understand what you try to do.

▶ **문장 구조 분석**

이 문장은 원래 I can't understand the thing that(which) you try to do. 선행사가 따로 없는 경우 선행사를 포함하는 관계대명사 what을 쓸 수 있다. 관계대명사가 이끄는 문장은 앞에 있는 선행사를 수식하기 때문에 형용사적 역할을 하지만, 선행사를 포함한 관계대명사인 what은 명사 역할을 한다. 그러므로 문장 안에서 주어, 목적어, 보어로 쓰일 수 있다.

7

나는 이 나라의 대통령이 누구인지 궁금하다.

I wonder who the president of this country is. (의문사)

▶ **문장 구조 분석**

이 문장에서 who는 의문사로 쓰였다. 의문사 who, which, what은 '누구, 어떤 것, 무엇'이라는 뜻을 가진다. 반면, 관계대명사 who, which, what은 '누구, 어떤 것, 무엇'이라는 뜻이 없다. 다만 선행사를 수식하는 문장의 접속사와 대명사의 역할을 한다.

8

우리는 우리가 사는 집을 팔 것이다.

We will sell the house where we live.

= We will sell the house. + we live in the house.

= We will sell the house in which we live.

▶ **문장 구조 분석**

위 문장에서 where는 관계 부사로 쓰였다. 관계부사(when, where, why, how)는 문장 안에서 시간, 장소, 이유, 방법을 나타내는 『전치사 + 명사』로 이루어진 부사구를 대신하며, 선행사를 수식한다.

9 우리 학교는 수학여행을 갔고 거기서 우리는 아주 재미있었다.

My school went to the field trip, where we had lots of fun.

▶ **문장 구조 분석**

위 문장에서 , where는 관계사의 계속적 용법으로 쓰였다.

관계대명사와 관계부사는 관계사가 이끄는 문장이 선행사를 수식하는 한정적 용법

이 대부분이나, 계속적 용법의 경우 선행사에 대한 부가적인 정보를 제공한다. 앞에

주절부터 해석하고 관계사절을 and로 해석한다.

10 누구라도 먼저 오는 사람이 이 표를 받을 것이다.

Whoever comes first will take this ticket.

▶ **문장 구조 분석**

이 문장에서 whoever는 복합관계대명사로 주어(anyone who)로 쓰였다. 복합관

계대명사는 관계대명사 who/which/what에 -ever를 붙인 것으로, 명사절(~라든

지) 또는 양보절(~하더라도)을 이끈다.

Sentence Building HW

1
이 그림은 다빈치에 의해 그려진 그림이다.

2
내가 지난달에 산 컴퓨터는 우수하다.

3
이 집은 우리 가족이 사는 집이다.

4
나는 문이 두 개뿐인 차를 좋아한다.

5	내가 원하는 것은 올해에 학교를 졸업하는 것이다.

6	나는 우리가 처음 만난 날을 잊지 못할 것이다.

7	나는 그가 어떻게 진실을 알아냈는지 그 방법에 놀랐다.

8	우리 가족은 처음으로 여행을 갔다. 거기서 나는 행복함을 느꼈다.

9	아이들이 원한다고 아무것이나 주지 마라.

10	어떤 것을 고르더라도 너는 좋아할 거야.

Unit 8

---

to-Infinitives & Gerund
(to 부정사 & 동명사)

(A) Key Grammar Pattern

1 부정사의 역할

1-1 명사적 용법: 주어, 주격보어, 목적어로 쓰임

· To eat healthy food is important.

=It is important to eat healthy food.

it 가주어 to eat healthy food 진주어

· My dream is to be an actor.

~되는 것 주격보어로 쓰임

· I decided to send her to medical school.

decide 동사의 목적어로 쓰임

1-2 의문사 + to 부정사

· When to start a school is important for kids.

· I don't know what to do.

· I want to learn how to swim.

1-3 형용사적 용법: 명사 수식: ~하는

· I have much homework to do.

· There are many delicious dishes to eat at the buffet.

부사적 용법: 동사, 형용사, 부사, 문장 전체 수식

목적: ~하기 위하여, ~하려고

· He studied hard to pass the exam.

원인: ~해서

· He was happy to hear the news that his son is promoted to executive director.

판단의 근거: ~하는 것을 보니

· He must be angry to keep silence during the meeting.

결과: 결국 ~하게 되다. 하지만 ~하게 되다.

· She grew up to be the most famous celebrity.
· I did my best only to fail the exam.

조건: ~한다면

· To know the truth, you would be surprised.
=If you know the truth, you would be surprised.

1-5 **to 부정사의 의미상의 주어**

문장 전체의 주어가 아니라 to 부정사의 주어이며 [for + 목적격]으로 쓴다.

· It is dangerous for them to visit public place.
· It is very important for adolescent to make good friends.

[of + 목적격] 쓰는 경우

kind, nice, careful, careless, foolish, stupid, wise, honest, selfish, rude와 같이 사람의 성격, 성질을 나타내는 형용사 뒤에 쓰는 경우

· It is kind of you to help the injured soldiers.

· It is stupid of him to drink and drive.

부정사의 부사적 쓰임

too~ to~ 너무 ~해서 ~하지 못하다.

· He was too young to understand the meaning of life.

~enough to~ ~하기에 충분히 ~하다.

· She is tall enough to reach the top of the cabinet.

in order to~. so as to~. ~하기 위해서.

· He got up early in order to go to the class.

to 부정사만을 목적어로 갖는 동사

want, hope, expect, decide, need, paln, promise, refuse, would like, learn, agree, wish

· I want to swim in the river.

다음의 동사들은 목적격 보어로 to 부정사를 취한다.

> **want, hope, expect, decide, need, paln,**
> **promise, refuse, would like, learn, agree, wish**

· My mom allowed me to buy a new car.
· The man told her to wait in a line.

2   동명사

동사에 ~ing를 붙여서 명사처럼 쓴다. 주어, 목적어, 보어로 쓰인다.

2-1   주어로 쓰이는 동명사

· Taking a walk is my hobby.

2-2   보어로 쓰이는 동명사

· His hobby is collecting coins.

동명사만을 목적어로 갖는 동사

finish, enjoy, mind, stop, keep, suggest, deny, quit,
dislike, prctice, imagine, put off, give up

· Do you mind opening the door?

2-4   **동명사와 to 부정사 모두를 목적어로 갖는 동사**

like, love, hate, begin, start, continue, intend

· Do you like playing baseball?
= Do you like to play baseball?

2-5   **동명사와 to 부정사 모두를 목적어로 가질 수 있지만 의미가 달라지는 동사**

· I tried entering the hotel.
  나는 호텔에 가봤다.
· I tried to enter the hotel.
  나는 호텔에 들어가려고 노력했다.

· You have to remember giving the flower to her.
  넌 그녀에게 꽃을 주었다는 것을 기억해야 한다.
· You have to remember to give the flower to her.
  넌 그녀에게 꽃을 주어야 할 것을 기억해야 한다.

· He forgot closing the door.

　그는 문을 닫은 것을 잊어버렸다.

· He forgot to close the door.

　그는 문을 닫을 것을 잊어버렸다.

· He stop smoking. 금연했다.

· He stop to smoke. 담배 피기 위해 멈춰섰다.

2-6　동명사의 의미상의 주어

동명사의 의미상의 주어와 문장의 주어가 같지 않을 경우 소유격/목적격으로 표시

· I'm sure of his/him passing the exam.

동명사의 의미상의 주어와 문장의 주어가 같을 경우 생략

· I'm proud of passing the exam.

동명사의 의미상의 주어가 목적어와 같을 경우

· My mother appreciated me for passing the exam.

동명사의 의미상의 주어가 불특정 일반인일 때

· Passing the exam is not easy.

Pattern Practice

1. Philips' temperature sensor devices are capable _____ the internal temperature of microprocessors.

(A) to measure

(B) of measuring

(C) measure

(D) measuring

2. High overhead costs that stemmed from the excessive spending on attracting qualified engineers can lead to _____.

(A) inflating   (B) inflate   (C) inflated   **(D) inflation**

해석

: 자격 있는 엔지니어들을 끌어들이기 위해 지나치게 소비하는 데서 기인한 높은 비용은 인플레이션을 유발할 수 있다.

▶ 문장 구조 분석

주어(high overhead costs that~) + 동사구(can lead to) + 명사

that~ 관계대명사절로 cost를 수식한다.

stemmed from~ 하는 데서 기인하다.

3. When she was coming out from the dressing room, Mary could see John was busy _____ hot mushroom soup.

(A) to make   **(B) making**   (C) made   (D) to be made

해석

: 메리가 옷방에서 나왔을 때 존이 뜨거운 버섯스프를 만드느라 바쁜 것을 보았다.

▶ 문장 구조 분석

be busy + ing~ 하느라고 바쁘다.

4. A reconnaissance plane was flying and at one point came
_____ to entering the country's air space.

(A) closely   (B) closeness   (C) closing   **(D) close**

해석

: 정찰기가 날고 있었고 한순간 정찰기가 그 나라의 영공에 들어가는 것이 가까워지고
있었다.

▶ **문장 구조 분석**

주어(a reconnaissance plane) + was flying + and + 부사 + (주어) + 동사
(came close) + 전치사구(to~) 구조의 1형식 문장이다.

reconnaissance plane 정찰기

come close 가까이 다가오다

5. The government is having difficulty _____ the private sector and will enforce the laws which are intended to do that.

(A) to control   (B) to controlling   **(C) controlling**   (D) controls

▶ 문장 구조 분석

have difficulty + ~ing ~하는데 어려움을 겪다.

Pattern Practice HW

1. When planning a series of lessons on _____ a web site, various element will fit into different parts of the curriculum.

(A) creating   (B) creation   (C) creative   (D) created

2. Parents need to care in _____ this program and are cautioned against leaving children under the age of 14 unattended.

(A) monitoring   (B) monitored

(C) was monitoring   (D) had monitored

3. The dealer must obtain written permission from the consumer before _____ a consumer report.

(A) will obtain   (B) obtained   (C) obtaining   (D) to obtain

4. Manufacturers will provide some adequate advance notices should they choose to discontinue _____ a specific vaccine.

(A) to produce   (B) producing   (C) produce   (D) produced

5. I suspect that _____ us of this fact has little to do with an impulse to protect his reputation.

(A) you remind   (B) you reminded

(C) your reminding   (D) you are reminding

6. China is considering _____ a nonprofit mechanism into its public institutions which were traditionally funded by the government.

(A) to introduce   (B) introducing   (C) introduce   (D) introduced

7. There are many glues for the _____ of furniture: some will adhere on contact without pressure.

(A) repair   (B) repairing   (C) repairability   (D) repaired

8. There may be temporary changes in lung function after the _____ of some harmless gases.

(A) inhale   (B) inhalation   (C) inhaling   (D) inhaled

9. The company should have ensured that they obtained his written _____ that he still wished to proceed.

(A) confirm   (B) confirmed   (C) confirming   (D) confirmation

10. An exercise program for the _____ of stroke is similar to that recommended for preventing coronary heart disease.

(A) preventing   (B) to prevent   (C) preventable   (D) prevention

Sentence Building

1

나는 그녀를 의대에 보내기로 결정하였다.

I decided to send her to medical school.

▶ 문장 구조 분석

decide라는 동사는 to 부정사를 목적어로 취하는 동사이다. to 부정사가 decide 동사의 목적어 즉 명사처럼 쓰였다. 뒤에 나온 to는 방향을 나타내는 전치사이다.

2

나는 수영하는 법을 배우고 싶다.

I want to learn how to swim.

▶ 문장 구조 분석

의문사 + to 부정사로 '~하는 법'이라는 뜻을 가지다. 의문사 + to 부정사는 know 동사의 목적어로 쓰였다. 목적어로서의 역할을 하기 때문에 명사적 용법이라고 부른다.

3

나는 할 숙제가 많이 있다.

I have much homework to do.

▶ 문장 구조 분석

to 부정사의 형용사적 용법으로 명사를 수식하는 역할을 한다. '~하는' 의 의미가 있다.

4

그는 시험을 통과하기 위해 열심히 공부했다.

He studied hard to pass the exam.

▶ 문장 구조 분석

to 부정사의 부사적 용법으로 동사, 형용사, 부사, 문장 전체를 수식한다. 목적을 나타내며 '~하기 위하여, ~하려고'의 뜻이 있다.

5

그들이 공공장소를 방문하는 것은 위험하다.

It is dangerous for them to visit public place.

▶ 문장 구조 분석

to 부정사의 의미상의 주어는 [for + 목적격]으로 쓴다.
문장 전체의 주어가 아니라 to 부정사의 주어이다.

6

그녀는 선반의 위에 닿을 정도로 키가 크다.

She is tall enough to reach the top of the cabinet.

▶ 문장 구조 분석

부정사의 부사적 쓰임이다. '~enough to~'라는 표현은 '~하기에 충분히 ~하다.'라는 의미를 갖는다.

7

우리 어머니는 내가 새 차를 사는 것을 허락하셨다.

My mom allowed me to buy a new car.

▶ 문장 구조 분석

부정사가 이 문장의 목적격 보어로 쓰인 경우이다.
'want, ask, tell, allow, advise, expect, get, order, would like' 종류의 동사들은 목적격 보어로 to 부정사를 취한다.

8	문 좀 열어 주시겠어요?
	Do you mind opening the door?

▶ 문장 구조 분석

동명사가 목적어로 쓰인 경우이다. 동사에 ~ing를 붙여서 명사처럼 쓴다. 'finish, enjoy, mind, stop, keep, suggest, deny, quit, dislike, prctice, imagine, put off, give up' 동사는 동명사만을 목적어로 갖는다.

9	그는 문을 닫은 것을 잊어버렸다.
	He forgot closing the door.

▶ 문장 구조 분석

동명사와 to 부정사 모두를 목적어로 가질 수 있지만 의미가 달라지는 동사이다. 'try, remember, forget, stop' 등이 있다.

10	나는 그가 시험을 통과하리라고 확신한다.
	I'm sure of his/him passing the exam.

▶ 문장 구조 분석

동명사의 의미상의 주어와 문장의 주어가 같지 않을 경우 동명사의 의미상의 주어는 소유격이나 목적격으로 표시한다.

Sentence Building HW

1	나의 꿈은 배우가 되는 것이다.

2	뷔페에는 먹을 맛있는 음식이 많이 있다.

3	그는 그의 아들이 이사로 승진했다는 소식을 듣고 기뻤다.

4	네가 부상당한 군인들을 돕다니 정말 친절하구나.

5 그는 너무 어려서 인생의 의미를 이해할 수 없었다.

6 그 남자는 그녀에게 줄에서 기다리라고 말했다.

7 산책하는 것이 나의 취미이다.

8 그의 취미는 동전 수집이다.

9 야구하는 것을 좋아하니?

10 나의 어머니는 내가 시험을 통과한 것을 감사하게 여기셨다.

Unit 9

Participle
(분사)

(A) **Key Grammar Pattern**

분사란 원래 단어의 품사는 동사지만 문장 안에서 형용사의 역할을 하는 것이다. 즉 문장 안에서 명사를 수식하는 역할을 한다.

1 현재분사: 『동사원형 + ~ing』

능동 또는 진행의 의미를 나타낸다. 명사의 앞 뒤에서 수식하며 '하고 있는', '~하게 하는', '~시키는' 의미를 가진다.

· The sleeping baby is my little sister.

(= the baby who is sleeping)

현재분사는 동작의 의미를 갖는 형용사 역할을 하므로 '하고 있는/~한'이라는 의미를 가진다.

비교1) The baby is sleeping soundly.

『Be + ~ing』형태로 쓰였으며 현재진행형임을 알 수 있다.

비교2) A sleeping pill (=a pill for sleeping)

동명사는 동작의 의미를 가진 명사로 '~하기 위한'이라는 용도를 가진다.

· Did you meet the girl singing on the stage?

『관계대명사 + be + 분사』에서 『관계대명사 + be』 생략 가능하다.

· Did you meet the girl (who is) singing on the stage?

2 과거분사: 『동사원형 + ~ed』

수동 또는 완료의 의미를 나타낸다.

'~해진', '~한' 의미를 가진다.

· The broken mirror is mine.

· Five boiled eggs were on the table.

3 분사구문

『접속사 + 주어 + 동사』의 부사절에서 접속사와 주어를 의미상 알 수 있으므로 접속사와 주어를 생략하여 간결하게 나타낸 구문이다.

접속사를 없애고 주절의 주어와 부사절의 주어가 같으면 생략한다.

때로는 접속사를 강조하기 위하여 주어는 없애고 접속사만 남기는 경우도 있다.

부사절에 남은 동사를 ~ing 또는 p.p. 형태로 바꾼다.

분사구문은 시간, 이유, 양보, 동시 동작, 연속 동작 등의 의미를 가진다.

· Graduating from a high school, she could go to a collage. (시간)

= When she graduates from a high school, she ~

· Knowing English, she could go to America. (이유)

= Since she knows English. she ~

· Being sick in the bed, he did his job. (양보)

= Although he was sick in the bed, he ~

· Listening to music, she studied for the exam. (연속 동작)

· While she listens to music. she ~

분사구문의 부정은 부정어를 분사 앞에 둔다.

· Not knowing English, she could not go to America.

4 독립분사구문

주절의 주어와 부사절(종속절)의 주어가 다를 경우, 분사의 의미상의 주어인 부사절의 주어를 그대로 남겨두는 분사구문이다.

· Jane arriving, we started BBQ.

= When Jane arrived, we started BBQ.

· There being no seat, I had to stand in the subway.

= As there was no chair, I had to stand in the subway.

5   관용적인 독립분사구문

분사구문의 의미상의 주어가 we, you, they일 경우 이를 생략하고 관용적으로 쓰는 분사구문이다.

- Considering his age, he is very energetic. ~를 고려할 때
- Judging from my experience, he won't be able to success. 경험으로 미루어 보아
- Frankly speaking, I don't trust him. 솔직히 말하면
- Strictly speaking, she doesn't belong to this club any more. 엄격히 말하면
- Speaking of Jane, have you ever seen her in person? 제인 얘기가 나와서 하는 말인데

감정을 유발하는 경우 현재분사를 쓰고 감정을 느끼는 경우 과거분사를 쓴다.
- The game is boring. (지루함을 유발함.)
- I am bored. (지루함을 느끼다.)

6   완료형 분사구문

『Having + 과거분사』의 형태로 주절의 동사보다 이전 시제에 일어난 일을 나타낸다.
- Having heard the news, I can't accept the truth.
= Although I heard the news, I can't accept the truth.

· Not having seen snow before, the tourists were exclaimed.

= As they had not seen snow before, the tourists were exclaimed.

7 『with + 명사 + 현재분사/ 과거분사』

동시 동작을 나타내며 '~한 채로'라는 의미를 가진다. 명사와 분사의 관계가 능동이면 현재분사를 수동의 관계이면 과거분사를 쓴다.

· She was running home with her dog following her.

= She was running home, and her dog was following her.

· Jane was listening to music with her arms folded.

= Jane was listening to music, and her arms were folded.

Pattern Practice

1. Be sure to call the police office within 5 days _____ this traffic
ticket.

(A) receive   (B) received   (C) receipt   **(D) receiving**

해석

: 교통 딱지를 받은 지 5일 이내에 반드시 경찰서에 전화하라.

▶ 문장 구조 분석

명령문 + 분사구문 구조이다. receiving~ 이하 절은 원래 when you
receive this traffic ticket이라는 문장이다. 명령문은 주어가 생략되었지
만 you가 주어로 쓰인 것을 알 수 있고 시간을 나타내는 접속사 when이
생략된 형태이다.

2. You need to wipe off anything that has accumulated on the hood before _____ on the light.

(A) turn   (B) turned   **(C) turning**   (D) to turn

해석

: 불을 켜기 전에 후드에 쌓여 있는 것을 닦을 필요가 있다.

▶ 문장 구조 분석

that~ 이하 절은 선행사인 anything을 수식하는 관계대명사절이다. that은 이 문장에서 주격관계대명사로 쓰였다. before~ 이하 절은 분사구문이다. before you turn on the light이 원래 문장인데 주어가 you임을 문장 내에서 알 수 있으므로 생략되었다. 접속사의 의미를 강조하기 위해 생략하지 않고 남겨두기도 한다.

accumulate 누적되다. 쌓이다.

3. Once _____, the Youngwha life Ltd. will become a far better institution with its net profit up by 47%.

(A) merge   (B) are merging   **(C) merged**   (D) been merged

해석

: 합병이 되면, 영화생명사는 순이익이 47%까지 증가하여 훨씬 더 나은 기관이 될 것이다.

▶ **문장 구조 분석**

분사구문이 쓰였다. 원래 문장은 Once (the company is) merged, Youngwha~ 구조인데 접속사가 중요한 뜻을 가지므로 남겨둔 경우이다.

once는 '일단 ~하면'이라는 뜻을 가진다.

far better는 비교급을 강조하기 위해 far가 쓰였다.

4. _____ installing the new handrail, make sure it is the correct height and anchored to solid framing.

(A) Under   **(B) When**   (C) As   (D) What

해석

: 새 핸드레일을 설치할 때, 올바른 높이인지, 단단한 프레임에 고정되었는지 확인하라.

▶ **문장 구조 분석**

When you install~ , (you) make sure~ 문장이다. 주절은 명령문이 쓰였고 앞부분은 분사구문이다.

anchor 닻을 내리다

5. _____ to keep a sense of humor and faithfulness, Dr. Pendleton became a role model for many researchers in the industry.

(A) Had managed

(B) Having managed

(C) Managed

(D) Being managed

해석

: 유머와 충실함을 지켜 왔던 Pendleton 박사는 업계의 많은 연구자들의 롤 모델이 되었다.

▶ **문장 구조 분석**

원래 문장은 Since He had managed~ 이다. 주절의 동사가 became 과거이므로 종속절에서는 완료 분사구문이 쓰였다. 접속사가 생략되고 완료형이 문장 맨 앞에 나오면서 도치되었다.

Pattern Practice HW

1. The _____ officer of the board shall endeavor to allot equal time to persons having opposing views on a subject.

   (A) preside   (B) presiding   (C) presided   (D) presides

2. Ms. Jung doesn't seem to understand the laws _____ national forest in the state of NC.

   (A) governed   (B) govern   (C) governing   (D) governs

3. Every effort has been made to ensure that the information _____ in this Knowledge Guide is correct.

   (A) had given   (B) giving   (C) was given   (D) given

4. Should you encounter a problem in connecting with the _____ warranty, the following steps are suggested.

(A) limit   (B) limits   (C) limited   (D) limiting

5. One worker _____ in Nicaragua, who wished to remain anonymous, divulged the secret of that sum of money.

(A) will remain   (B) remaining   (C) remain   (D) remained

6. Be sure to review the issues _____ in most of the medical−ethical dilemmas that face our society from various points of view.

(A) are involved   (B) involving   (C) involvement   (D) involved

7. Most people find Martin Luker's artworks _____ though many art critics disparage his work.

(A) fascinating   (B) fascinated   (C) fascinate   (D) fascination

8. The release of the new product is quite _____ as it's the first recognizable brand name digital camera.

(A) excitement   (B) exciting   (C) excitedly   (D) excitable

9. People are becoming _____ at their own government's failure to take a clear stand on the issues of regime change.

(A) disappointing   (B) disappointed

(C) disappointment   (D) to disappoint

10. Instead of consuming substantially more electricity than it produces, the state will be _____ a large surplus.

(A) generate   (B) generating   (C) to generate   (D) generated

6

그의 나이를 고려할 때 그는 매우 에너지가 넘친다.

Considering his age, he is very energetic.

▶ 문장 구조 분석

관용적인 독립분사구문으로 분사구문의 의미상의 주어가 we, you, they일 경우 이를 생략하고 관용적으로 쓰는 분사구문이다.

7

제인 얘기가 나와서 하는 말인데 그녀를 개인적으로 본 사람이 있니?

Speaking of Jane, have you ever seen her in person?

▶ 문장 구조 분석

관용적인 독립분사구문으로 Speaking of somebody라는 표현은 '마침 누구 얘기가 나와서 말인데'라는 표현이다.

8

그 게임은 지루하다.

The game is boring.

▶ 문장 구조 분석

감정을 유발하는 경우 현재분사를 쓰고 감정을 느끼는 경우 과거분사를 쓴다.

9

그 뉴스를 들었을 때, 나는 사실을 받아들일 수가 없다.

Having heard the news, I can't accept the truth.

▶ 문장 구조 분석

완료형 분사구문으로 『Having + 과거분사』의 형태로 주절의 동사보다 이전 시제에 일어난 일을 나타낸다. 원 문장은 Although I heard the news, I can't accept the truth.

Not having seen snow before, the tourists were exclaimed.
= As they had not seen snow before, the tourists were exclaimed.

10

그녀는 개가 따라오는 채로 집으로 달렸다.

She was running home with her dog following her.

▶ 문장 구조 분석

『with + 명사+ 현재분사/과거분사』의 형태는 동시 동작을 나타내며 '~한 채로'라는 의미를 가진다. 명사와 분사의 관계가 능동이면 현재분사를 수동의 관계이면 과거분사를 쓴다. 원 문장은 She was running home, and her dog was following her.

Sentence Building HW

1	자고 있는 아이는 내 딸이다.

2	삶은 달걀 5개가 테이블 위에 있다.

3	음악을 들으면서 동시에 그녀는 시험공부를 했다.

4	영어를 모르기 때문에 그녀는 미국에 갈 수 없었다.

5 의자가 없었기 때문에 나는 지하철에서 서 있어야 했다.

6 나의 경험으로 미루어 보아 그는 성공할 수 없을 거야.

7 엄격히 말하면 그녀는 이 동호회에 더 이상 소속해 있지 않아.

8 나는 그 야구 경기에 지루함을 느꼈다.

9 전에 눈을 본 적이 없기 때문에 그 관광객은 기뻐서 소리 질렀다.

10 제인은 팔장을 낀 채로 음악을 듣고 있었다.

Unit 10

Definite Article,
Indefinite Article,
& Indefinitive Pronouns
(정관사, 부정관사, & 부정대명사)

Ⓐ **Key Grammar Pattern**

1 명사의 종류

불가산명사	물질명사	일정한 형태가 없는 것		
	고유명사	이름, 지명		
	추상명사	감정, 생각, 속성		
가산명사	보통명사	셀 수 있는 사람이나 사물		
	집합명사	famil	army, audience, class, committee, police, team, crowd, people	단수, 복수 취급
		polic	the police, the press	항상 복수 취급
		cattle	poultry, fish	항상 복수 취급
		furniture	jewelry, machinery, stationary	항상 단수 취급

2 　관사를 쓰지 않는 경우

- 식사명 : lunch, dinner
- 운동 이름 : baseball, soccer
- by + 교통수단 : by subway, by bus
- 본래의 목적을 가진 장소 또는 건물 : church
- 과목명 : math, science

3 　명사의 수량 표현

3-1 　수량 형용사

가산명사	불가산명사
few	little
a few	a little
many	much
a lot of, lots of, plenty of	

3-2 　물질명사와 추상명사의 수량 표현

물질명사와 추상명사는 담는 그릇이나 용기를 세는 단위를 이용하여 그 양을 표시한다.

a piece of	bread, cake, chalk, cheese, cloth, paper, furniture, stone, advice, information, news
a bottle of	beer, ink, juice, milk, water
a cup of	coffee, tea, water
a glass of	water, milk, juice, beer, wine

a slice of	bread, cheese, meat, pizza
a pound of	sugar, meat, beef, pork
a bar of	soap. chocolate, gold, steel
a bowl of	soup, rice
a sheet of	paper, plastic, glass, ice, newspaper, stamps
a loaf of	bread
a spoonful of	sugar, salt, soup, yogurt, rice

4 부정대명사

one : 정해지지 않은 사람, 사물을 가리킬 때, 앞에 언급된 명사와 같은 종류를 언급할 때

· I lost my laptop, so I bought a new one.

· He is the one of the most famous ones.

another : 이미 언급된 것 이외의 다른 것을 언급할 때

· I don't like this phone case, show me another.

둘 이상의 사물을 나타내는 부정대명사

· I am taking two classes. One is math, and the other is English.

· I have three sisters. One is a college student, another is a high school student, and the other is a middle school student.

· I have four cousins. One is a girl, and the others are boys.

· Some of my friends went to England, but the others didn't.

· Some girls likes sports, and others don't.

some	긍정문 단수, 복수	Some of the books are ripped. Some of the money was donated for the poor.
any	부정문 의문문	I don't like any of his friends. Do you have any friends?
all (of)	+가산명사복수(복수 취급) +불가산명사(단수 취급)	All of the students want to get good grades. All of my money is yours.
both	복수 취급	Both of the students agreed with the new policy.
every	단수 취급	Every student in class likes the teacher.
each	단수 취급	Each of us is interested in the project.

Pattern Practice

1. This data shall not be translated into the critical advice because individual factors differ from one _____ to another.

   (A) campaign   (B) campaigns   (C) to campaign   (D) campaigned

해석
: 이 데이터는 결정적인 조언으로 해석되어서는 안 된다. 왜냐하면 개인적 요소는 캠페인마다 상이하기 때문이다.

▶ 문장 구조 분석

differ from A to B 'A에서 B까지 다르다.'
one ~ another '하나는 ~다른 하나는 ~'이란 의미이다. one 다음에 단수 명사형이 와야 한다.

2. All three of these _____ must be met in order for you to be permitted to receive your scholarship.

(A) conditions   (B) conditioning   (C) condition   (D) conditioned

▶ **문장 구조 분석**

주어(all three of these ___) + 동사(must be met) + in order for you to~ 수동태 문장이다. 빈칸 부분이 주어가 되기 위해서는 명사가 되어야 한다. all 뒤에 오는 명사는 복수형이 되어야 한다.

3. The museum is proud to present its Inuit art _____ featuring various paintings that capture the day−to−day life of the people.

(A) collecting   (B) collected   (C) collector   **(D) collection**

해석

: 박물관은 사람들의 일상을 포착한 다양한 그림들을 특징으로 한 이누이트족(에스키모 족)의 예술 작품전을 자랑스럽게 소개한다.

▶ **문장 구조 분석**

주어(the museum) + 동사(is proud to present) + 목적어(its Inuit art _____) + 분사(featuring~) 구조의 3형식 문장이다. 빈칸 부분이 목적어가 되기 위해서는 명사형이 되어야 한다. featuring~ 이하 절은 '~을 특징으로 한' 의미의 분사다. 수식받는 명사와 수식하는 단어 사이의 관계가 능동이므로 현재분사가 쓰였다.

4. Be sure to follow all safety _____ when you replace components in the system.

(A) prescriptions   (B) preoccupation

(C) precautions   (D) predictions

해석

: 이 시스템의 모든 요소들을 교체할 때 모든 안전 주의사항들을 따르는 것을 분명하게 해라.

▶ 문장 구조 분석

명령문 문장이다. 주어 생략(you) + 동사(be sure to follow) + 목적어(all safety ___) + 종속절 구조의 3형식 문장이다. 빈칸 부분이 목적어가 되기 위해서는 복수 명사형이 와야 하고 의미상 precautions가 가장 적합하다.

5. The results of course _____ should be used in periodic reviews and decisions of the course.

(A) evaluate   **(B) evaluations**   (C) evaluators   (D) evaluative

해석
: 수업 평가의 결과는 정기적인 리뷰와 교과 과정 결정에 사용되어져야 한다.

▶ **문장 구조 분석**

The results of course _____ 부분이 주어가 되기 위해서는 복수 명사형이 와야 한다.

Pattern Practice HW

1. The government has been preparing international standards for _____ management aimed at setting globally accepted rules.

(A) safe   (B) safely   (C) safer   (D) safety

2. An insurance policy information card must be carried in _____ vehicle licensed in New York State.

(A) all   (B) some   (C) every   (D)most of

3. We figured we should have _____ time to go to the hotel for a late check in.

(A) enough   (B) plenty   (C) any   (D)many

4. _____ damaged equipment resulting from misuse, accidents, unauthuorized service or other causes is excluded from this warranty.

(A) There is   (B) In case   (C) A   (D) Any

5. Please use the printers on the third floor for high−volume print jobs while _____ on the fifth floor are being repaired.

(A)t his   (B) either   (C) the other   (D) the ones

6. After the tremendous success of her first restaurant, Vivian Frank decided to open _____.

(A) another   (B) every   (C) other   (D) anyone

7. Staff members should work in pairs during the training workshop to help _____ master the procedure for handling customer service inquiries.

(A) one such   (B) each other   (C) yourself   (D) everyting

8. Before takeoff, flight attendants must ensure that _____ of the passengers is properly seated.

(A) every   (B) all   (C) each   (D) much

9. Unfortunately, _____ of the two venues has the capacity needed to host Taeyoung Technology's annual banquet.

(A) most   (B) several   (C) neither   (D) some

10. We could not order replacement parts for the packing machine, because the local suppliers have _____ in stock.

(A) any   (B) none   (C) finally   (D) mostly

Sentence Building

1 나는 랩톱 컴퓨터를 잃어 버렸다. 그래서 새것으로 하나 샀다.

I lost my laptop, so I bought a new one.

▶ 문장 구조 분석

one은 부정대명사로 정해지지 않은 사람, 사물을 가리킬 때, 앞에 언급된 명사와 같은 종류를 언급할 때 쓴다.

2 나는 이 폰 케이스를 좋아하지 않아요. 다른 것을 보여 주세요.

I don't like this phone case, show me another.

▶ 문장 구조 분석

another는 이미 언급된 것 이외의 다른 것을 언급할 때 쓰인다.

3 나는 2가지 수업을 듣는다. 하나는 수학이고 다른 하나는 영어다.

I am taking two classes. One is math, and the other is English.

▶ 문장 구조 분석

둘 이상의 사물을 나타내는 부정대명사로 One ~ and the other ~ 를 쓴다.

4

나는 사촌이 4명 있다. 하나는 여자고 나머지는 남자다.

I have four cousins. One is a girl, and the others are boys.

▶ 문장 구조 분석

둘 이상의 사물을 나타내는 부정대명사로 One ~ and others ~ 를 쓴다. '하나는 ~이고 나머지는 ~이다'라는 의미이다.

5

모든 학생들은 좋은 성적을 받기를 원한다.

All of the students want to get good grades.

▶ 문장 구조 분석

All + 가산명사복수는 복수 취급을 하므로 ~s가 붙지 않았다.

6

나의 모든 돈은 너의 것이다.

All of my money is yours.

▶ 문장 구조 분석

money는 셀 수 없는 추상 명사이므로 불가산명사이다.

All + 불가산명사복수는 단수 취급을 하므로 is가 되었다.

7

이 교실에 있는 모든 학생들은 그 선생님을 좋아한다.

Every student in class likes the teacher.

▶ 문장 구조 분석

every는 단수 취급한다.

8	우리 각자가 그 프로젝트에 관심이 있다. Each of us is interested in the project.

▶ **문장 구조 분석**

each 단수 취급한다.

9	나는 세 명의 자매가 있다. 하나는 대학생이고 다른 하나는 고등학생이고 나머지 하나는 중학생이다. I have three sisters. One is a college student, another is a high school student, and the other is a middle school student.

▶ **문장 구조 분석**

셋 이상의 사물을 나타내는 부정대명사로 One ~ , another ~, and the other ~를 쓴다.

Sentence Building HW

1 그는 가장 유명한 사람들 중의 하나이다.

2 나는 형제가 둘 있다. 하나는 키가 크고 다른 하나는 키가 작다.

3 나는 세 과목을 듣는다. 하나는 수학이고 다른 하나는 사회과목이고 나머지 하나는 과학이다.

4 내 친구들 중 일부가 영국에 갔다. 그러나 나머지는 가지 않았다.

5 우리 각자는 투자에 관심이 있다.

6 네가 장학금을 받는 것이 허락되기 위해서는 세 가지 모든 조건이 맞아야 한다.

7 네가 시스템에서 요소들을 대체할 때 모든 안전 주의사항들을 따르는 것을 분명히 해라.

8 보험 증명서는 뉴욕주에서 발행된 모든 차량에 항상 가지고 다녀야 한다.

9   잘못 사용한 데서 기인한 장비의 손상은 이 워런티에서 제외된다.

10   우리는 호텔에 갈 충분한 시간이 있다는 것을 깨닫게 되었다.

Unit 11

Tense & Speech
(시제 & 화법)

(A) Key Grammar Pattern

---

1 현재시제를 반드시 써야 하는 경우

1-1 지속적인 상태를 나타낼 때

· He lives in Texas.

1-2 반복적인 일을 나타낼 때

· She gets up at 6 o'clock every morning.

1-3 과학적 사실, 불변의 진리, 속담, 격언

· Ice melts at O degree s Celsius.

1-4 시간과 조건을 나타내는 접속사가 이끄는 부사절에서 현재시제가 미래시제를 대신한다.

> when, while, after, before, until, till, as soon as, if, unless

· HLet's start the conference as soon as the speaker arrives.
· If it rains tomorrow, I will not go picnic.

조건을 나타내는 부사절은 가정법에서 언급되겠지만 가정법 현재라고도 불린다.

if가 ~인지 아닌지의 뜻으로 쓰일 경우 동사의 목적어인 명사절 구실을 하므로 미래시제 will을 쓴다.

· I wonder if he will come to the picnic tomorrow.

<table>
<tr><td>1-5</td><td>왕래발착 동사(come, go, start, leave, arrive)는 미래의 뜻을 가진 부사어(soon, tomorrow, next month)가 오더라도 현재시제나 현재진행형으로 쓰여 미래시제를 대신한다.</td></tr>
</table>

· The school starts soon.

· He leaves for US tomorrow.

· He is leaving Seoul next Monday.

2 과거시제를 써야 하는 경우

2-1 과거의 특정 시점에 있었던 일이나 상태를 나타낼 때

· I was a high school student last year.

· I went to Europe in 2019.

2-2 역사적 사실

· My teacher says Edison invented the light bulb.

3 현재진행형을 써야 하는 경우

3-1 최근에 일시적으로 일어나고 있는 일이나 습관적인 동작

· He is learning Taekwondo these days.

3-2 말하고 있는 시점에 일어나는 일

· Please don't call me. I am working right now.

3-3 왕래발착 동사나 미래를 나타내는 부사를 쓰는 문장에서는 현재진행형이 미래를 대신한다.

· He is coming next week from US.

4 영어의 경우 과거진행형, 미래진행형이 존재한다.

4-1 과거진행형

· What were you doing yesterday?

4-2 미래진행형

· I will be riding a train tomorrow.

5 진행형 불가능 동사

- 지각: know, remember, understand, acknowledge, think
- 소유: have, belong to, own
- 존재: be, exist
- 감정: love, like, hate, prefer
- 감각: see, hear, smell, taste
- 기타: want, resemble, keep, seem

> I can see the woman in red dress.
> Can you hear my voice?

그러나 진행형 불가능 동사라도 상태가 아닌 동작을 나타낼 때는 진행형을 쓸 수 있다.

- I am having lunch.
- The dog is smelling the victim's clothing to find an evidence.
- The chef is tasting the food.
- I am thinking about the problem.
- I am seeing you at the conference.

6 시제를 알려주는 힌트어들

1. 시간+ ago, last + 시간, yeasterday, once: 과거시제
2. always, often, ususlly, each year, every year: 현재시제
3. tomorrow, next+ 시간, ~in the near/foreseeable future: 미래시제
4. 해석상 과거보다 더 이전 사건: 과거완료
5. since, for/in/over: 현재완료
6. by, before + 미래: 미래완료
7. when/ if~절에서는 현재/현재완료가 미래/미래완료시제 대신함.

7 수의 일치

7-1 단수 취급

(1) every, each + 단수명사 + 단수동사
  · Every man wishes to live a long life.

(2) 과목명, 국가명, 책 제목 등이 주어일 때
  · Physics is hard to study.
  · Romeo and Juliet is my favorite story.

(3) 시간, 거리, 가격, 무게 등이 하나의 단위로 사용될 때
  · Two years is not a long time.
  · Ten miles is a long way to run.
  · Twenty dollars is a low price for it.

(4) 두 개의 명사로 이루어진 단일 개념

- Bread and butter is the easiest lunch for me.

7-2 복수 취급

(1) a number of + 복수명사 + 복수동사

- A number of buildings were constructed last year.

(2) the + 형용사 : ~한 사람들

- The rich have to help the poor.

7-3 분수나 부분의 표현 (all, most, some, half)

경우에 따라 단수 혹은 복수 취급

- All of the people I work with are very friendly.
- Some of this money is yours.

8 시제의 일치

8-1 시제 일치의 법칙

(1) 주절의 시제가 현재일 때, 종속절의 시제는 현재, 과거, 미래 등
모든 시제가 가능하다.

- I know that he is kind. 〈현재〉
- I think that he was sick. 〈과거〉
- He says that he will go out for lunch. 〈미래〉

(2) 주절의 시제가 과거일 때, 종속절의 시제는 과거 또는 과거완료를 쓴다.

- I thought that he was going home.
- He said that he would come early.
- I knew that John had come to the office.

(3) 항상 과거시제 : 역사적 사실, 과거의 사건

- They will learn that Korean War broke out in 1950.
- Mrs. Brown said that Shakespeare wrote many plays.

Pattern Practice

1. By the time Mr. Kim joined our firm as a financial analysts, he
_____ in the financial sector for many years already.

(A) has worked   (B) works   (C) will work   **(D) had worked**

해석

: 김씨가 우리 회사의 재무 분석가로 입사했을 무렵 그는 이미 수년간 금융 분야에서
근무해 왔던 상태였다.

▶ 문장 구조 분석

시간을 나타내는 전치사구 by the time으로 시작하는 종속절에 과거시제
(joined)가 쓰였고 주절에 already가 쓰여 과거 이전부터 과거까지의 상
황에 대해 설명하고 있으므로 과거완료(대과거)를 써야 한다. 과거완료는
had + p.p. 형태로 나타낸다.

2. For the last fifteen year, Hatlock Inc. has consistently _____ among the nation's ten leading toy manufactures.

(A) rank   **(B) ranked**   (C) ranking   (D) ranks

해석

: 지난 15년간 헤트락 회사는 지속적으로 전국 상위 10대 완구기업으로 자리매김해 왔다.

▶ 문장 구조 분석

지난 15년 동안이라는 시간을 나타내는 부사절이 시제를 알 수 있는 힌트어다. 과거에서 현재까지 이어지는 일은 현재완료시제로 나타낸다.

현재완료는 have + p.p. 형태이며 주어가 단수이므로 has가 되었다.

3. Amy Bruckner is an innovative architecture who is _____ the traditional approach to construct space-efficient buildings.

(A) challenge   **(B) challenging**   (C) challenged   (D) challenges

4. The sudden resignation of the CEO who had led the company successfully for 10 years _____ the stock investors.

(A) have embarrassed

(B) has embarrassed

(C) was embarrassed

(D) were embarrassed

해석

: 그 회사를 10년 동안 성공적으로 이끌었던 CEO의 갑작스러운 사임이 주식 투자자들을 당혹스럽게 했다.

▶ 문장 구조 분석

주어(the sudden resignation of~) + 동사(have + p.p.) + 목적어(the stock investors) 구조의 3형식 문장이다. 주어 registration 단수 취급해야 한다. who~ 관계대명사 절에서 had led 과거완료가 쓰였으므로 동사에서 과거형이나 현재완료형이 적합하다.

embarrass 당황하게 하다, 당혹스럽게 하다
stock investor 주식 투자자

5. Recruiting new employees for the pharmaceutical company _____ in the daily newspaper.

(A) was advertised

(B) were advertised

(C) has advertised

(D) have advertised

해석

: 그 제약회사를 위한 신입사원을 채용한다는 것이 일간 신문에 광고되었다.

▶ 문장 구조 분석

주어(recruiting new employees for ~) + 동사(광고되다) + 전치사구(in ~) 구조의 수동태 문장이다. 의미상 수동태가 와야 하고 주어 recruiting은 단수 취급한다.

pharmaceutical company 제약회사

Pattern Practice HW

1. The features which can attract customers _____ based on our strategic objectives.

   (A) is   (B) being   (C) are   (D) has been

2. What we have to discuss excluding incidental matters _____ the safety measures at the factory.

   (A) is   (B) are   (C) have to   (D) have

3. Our company which _____ established by Peter has been leading the electronics industry ever since.

   (A) have   (B) has   (C) were   (D) was

4. By the time he retires from his job next month, he _____ for 25 years for the community center.

(A) worked

(B) have worked

(C) will have worked

(D) will work

5. Please be reminded that if consumers _____ for your help, you should treat them with courtesy.

(A) ask   (B) have asked   (C) will ask   (D) was asked

6. When Janice Corp. _____ its marketing division, it laid off more than 20 percent of its employees.

(A) was restructured

(B) restructures

(C) was restructuring

(D) to restructure

7. The electronics company has _____ unified its unprofitable plants with the plant in the Hudson Valley.

(A) soon   (B) then   (C) recently   (D) once

8. The farewell party for the former vice president _____ held last week at the Placia Hotel.

(A) is
(B) will be
(C) was
(D) is being

9. The new engineering project _____ carried out as soon as enough funds are raised through a joint venture.

(A) had been
(B) has been
(C) will be
(D) would be

10. The Moore Landmark Society has asked that city council members _____ the demolition of the historic library.

(A) reconsider
(B) to reconsider
(C) reconsidering
(D) reconsidered

Sentence Building

<table>
<tr><td>1</td><td>연설자가 도착하자마자 컨퍼런스를 시작합시다.
Let's start the conference as soon as the speaker arrives.</td></tr>
</table>

▶ 문장 구조 분석

'when, while, after, before, until, till, as soon as, if, unless'는 시간과 조건을 나타내는 접속사이다. 시간과 조건을 나타내는 접속사가 이끄는 부사절에서는 현재시제가 미래시제를 대신한다.

<table>
<tr><td>2</td><td>나는 그가 내일 소풍에 올지 말지 궁금하다.
I wonder if he will come to the picnic tomorrow.</td></tr>
</table>

▶ 문장 구조 분석

if가 ~인지 아닌지의 뜻으로 쓰일 경우 동사의 목적어인 명사절 구실을 하므로 미래시제 will을 쓴다.

3

그는 다음 월요일 서울을 떠날 것이다.

He is leaving Seoul next Monday.

▶ 문장 구조 분석

왕래발착 동사 'come, go, start, leave, arrive'는 미래의 뜻을 가진 부사어 'soon, tomorrow, next month'가 오더라도 현재시제나 현재진행형으로 쓰여 미래시제를 대신한다.

4

그는 요즘 태권도를 배우고 있다.

He is learning Taekwondo these days.

▶ 문장 구조 분석

최근에 일시적으로 일어나고 있는 일이나 습관적인 동작은 현재진행형을 쓴다.

5

그는 다음 주에 미국으로부터 올거야.

He is coming next week from US.

▶ 문장 구조 분석

왕래발착 동사나 미래를 나타내는 부사를 쓰는 문장에서는 현재진행형이 미래를 대신한다.

6

나는 빨간 옷을 입은 여인을 볼 수 있다.

I can see the woman in red dress.

▶ 문장 구조 분석

감각을 나타내는 'see, hear, smell, taste' 등의 지각 동사는 진행형을 쓸 수 없다.

7

개는 증거를 찾기 위해 피해자의 옷을 냄새 맡고 있다.

The dog is smelling the victim's clothing to find an evidence.

▶ 문장 구조 분석

진행형 불가능 동사라도 상태가 아닌 동작을 나타낼 때는 진행형을 쓸 수 있다.

8

20불은 그것에 비해서는 낮은 가격이다.

Twenty dollars is a low price for it.

▶ 문장 구조 분석

시간, 거리, 가격, 무게 등이 하나의 단위로 사용될 때는 단수 취급한다.

9

버터가 발린 빵은 나에게는 가장 간단한 점심이다.

Bread and butter is the easiest lunch for me.

▶ 문장 구조 분석

두 개의 명사로 이루어진 단어는 단일 개념이므로 단수 취급한다.

10

많은 건물들이 작년에 건설되었다.

A number of buildings were constructed last year.

▶ 문장 구조 분석

a number of + 복수명사 + 복수동사 형태로 쓰인다.

Sentence Building HW

1 모든 사람은 오래 살기를 기원한다.

2 물리학은 공부하기 어려운 과목이다.

3 부자들은 가난한 사람들을 도와야 한다.

4 내가 함께 일한 모든 사람들은 매우 친절하다.

5   이 돈의 일부는 너의 것이다.

6   나는 존이 사무실에 왔었다는 사실을 알고 있다.

7   그는 일찍 오겠다고 말했었다.

8   그들은 한국전쟁이 1950년에 발발했다고 배울 것이다.

9   로미오와 줄리엣은 내가 가장 좋아하는 이야기이다.

10   나는 점심을 먹고 있다.

Unit 12

Emphasis & Ellipsis
(특수 구문)

Ⓐ Key Grammar Pattern

1 강조 구문

1-1 일반 동사의 강조

do/does/did + 동사원형

· They do want to see you.

· He does get up early every day.

· I did go to the park to see you.

1-2 It is [was] ... that ~

'~한 것은 바로 ...이다[였다]'라는 의미로, 강조하고자 하는 말을 It is[was]와 that 사이에 쓴다.

· Kate bought the CD at the store yesterday.

→ It was Kate that bought the CD at the store yesterday.

→ It was the CD that Kate bought at the store yesterday.

→ It was at the store that Kate bought the CD yesterday.

→ It was yesterday that Kate bought the CD at the store.

1-3 여러 가지 강조 표현

· This is the very book I was looking for. 〈the very: 명사 강조〉

· This is his own house. 〈own : 소유격 강조〉

· What on earth are you doing here? 〈on earth : 의문사 강조〉

· My son doesn't like hamburger at all. 〈at all : 부정문 강조〉

2 부분 부정

『not + all, every, both, always, necessarily』의 형태로, '모든/항상/둘다/반드시 ~은 아니다'라는 의미이다.

· I didn't read both of the books.
· His opinion was not always right.
· All that glitters is not gold.

3 도치

평서문에서 동사가 주어 앞에 위치하는 구문이다.

3-1 부사어를 강조하기 위한 도치

부사어를 강조하기 위해 문장 앞에 나오면, 〈부사어+동사+주어〉로 도치된다.

· He was lying under the tree.
→ Under the tree was he lying.

부정어(not/never/little/hardly/seldom/no/scarcely 등) + (조동사) +
주어 + 본동사

· He did not say a single word.
→ Not a single word did he say.

· I have never seen such a handsome boy.
→ Never have I seen such a handsome boy.

· He little dreamed that she would come.
→ Little did he dream that she would come.

· She did not come to school until 10 o'clock.
→ Not until 10 o'clock did she come to school.

3-3 가정법에서 if가 생략될 때

『Had + 주어 + p.p., 주어 + would/should/could/might have p.p.』
· If he had been diligent, he would have been rich.
→ Had he been diligent, he would have been rich.

Were + 주어 + 보어, 주어 + would, should, could , might + 동사원형
Did + 주어 + 동사원형 + 목적어/보어, 주어 + would, should, could,
might + 동사원형

Should + 주어 + 동사원형 + 목적어/보어, 명령문(또는 주어+will/shall+
동사원형)

· Should he need to report it directly to his superior, he has to do so after obtaining the entrance permission of the crime scene.

부정어가 문두로 와서 강조할 때

Scarcely, hardly, never, no 등이 문장 맨 앞으로 나오면서 주어와 동사를 도치시킨다. 강조의 뜻을 나타낸다.

· Hardly(=Scarcely) had he seen me when (=before) he ran away.

· No sooner had she heard the news than she expressed her emotion as it was not the news she had expected.

보어를 강조할 때

2형식에서 보어를 문두로 빼면 주어와 동사가 도치된다.
주어 + 동사 + 보어 -> 보어 + 주어 + 동사
· 원래 문장: A resume is enclosed(attached).
· 도치된 문장: Enclosed(attached) is a resume.

4 생략

반복되는 어구의 생략

· He went home early and (he) took a rest. 〈주어 반복〉
· Some students like math, and others (like) English. 〈동사 반복〉

비교급 구문에서의 생략

· Judy likes you better than I (like you).
· Sammy likes him better than (she like) me.

부사절에서 <주어+be동사>의 생략

· When (they were) young, they always looked happy.
· Please help me with my homework, if (it is) possible.

5 동격: 명사(구)와 같은 내용이거나 이를 보충, 설명하기 위해 다른 표현이 더해진다.

5-1 **고유명사 앞,뒤**

· I met Mr. Kim, my English teacher.
· This is my friend, Becky.

5-2 『news, idea, fact, rumor, doubt ~ + that + 주어 + 동사』

· I had a dream that I became an astronaut.
· He agreed to the idea that the rule should be changed.

Pattern Practice

1. _____ it not been for sufficient funding, we could not have expanded our business in Southeast Asia.

(A) If   (B) Without   (C) But for   **(D) Had**

해석

: 충분한 자금 조달이 없었더라면 우리는 우리의 사업을 동남아시아에서 확대할 수 없었을 텐데.

▶ 문장 구조 분석

If it had not been for ' ~이 없었다면' 의미의 가정법 과거완료 문장이다.

if가 생략되고 주어 동사 도치가 일어난 경우이다.

2. Should the temperature _____ over 30°C, the air conditioning system in the building will automatically turn on.

(A) rise   (B) rises   (C) arise   (D) raise

해석

: 만약에 온도가 섭씨 30도 이상으로 오르면, 그 건물의 에어컨 시스템이 자동으로 작동합니다.

▶ 문장 구조 분석

Should가 문장 맨 앞에 나왔을 때는 If와 같은 의미이다. 이 문장은 If the temperature _____ 와 같은 문장이다. rise는 자동사로 주어 temperature에 맞추어 '오르다'라는 의미로 적합하다.

3. _____ e-commerce be fully expanded all over the country, doing business will be easier than ever.

(A) Whether   (B) Would   (C) Because   **(D) Should**

해석

: 만약 전자 상거래가 전국적으로 완전히 확장된다면 이전 어느 때보다도 사업하는 것이 더 쉬워질 것이다.

▶ 문장 구조 분석

If(Should) 주어(e-commerce) + 동사구(be fully expanded), 부사구(all over the country), 주어(doing business) + 동사구(will be easier) 부사구 (than ever). 조건을 나타내는 가정법 현재 문장이다. should가 문장 맨 앞에 나올 때는 if와 같은 의미로 쓰인다.

e-commerce 전자 상거래
all over the country 전국에 걸쳐서, 전국적으로
easier than ever 이전 어느 때보다 더 쉬운

4. Please don't hesitate to contact the service center _____ you have any problems with the appliance.

(A) whether   (B) and   **(C) should**   (D) that

해석

: 만약에 그 가전제품에 어떤 문제라도 있다면 서비스 센터로 주저하지 마시고 연락주시기 바랍니다.

▶ 문장 구조 분석

Please don't hesitate to 부정사 '주저하지 말고 (언제든지) ~하세요'라는 의미의 명령문이다. should가 종속절 앞에서 접속사로 if의 의미를 갖는다.

appliance 가전제품

5. _____ you take a taxi, you will arrive at the international airport before the boarding time.

(A) If   (B) Whether   (C) That   (D) Which

해석

: 네가 택시를 탄다면 국제공항에 탑승 시간 전에 도착할 것이다.

▶ 문장 구조 분석

If 주어 + 동사원형, 주어 + will + 동사원형 조건을 나타내는 가정법 현재 문장이다.

boarding time 탑승시간

Pattern Practice HW

1. _____ you want to go to the dinner party, please dress for the occasion properly.

   (A) That   (B) If   (C) Unless   (D) What

2. No sooner had the decision been made _____ they expressed their surprise as it was not the decision they had expected.

   (A) should   (B) which   (C) that   (D) than

3. Mr. Kim's sales team may work at our exhibit booth at the weekend trade show _____ additional staff be needed during the event.

   (A) while   (B) during   (C) should   (D) in addition

4. _____ the recruiting team received more responses from the online job posting, the candidate selection process would have lasted longer.

(A) Had   (B) Instead of   (C) Except   (D) Whether

5. _____ have market conditions been more ideal for buying a new house.

(A) Seldom   (B) Ever   (C) Appropriately   (D) Moreover

6. _____ is Hideko Yamamura a widely published poet, she is also an accomplished painter and sculptor.

(A) Not only   (B) While   (C) If   (D) Due to

7. Ms. Kim will not be able to attend the sales presentation, and _____ will Mr. Anderson.

(A) also   (B) however   (C) now   (D) neither

8. _____ Mr. Kim not out of town on a business trip, he would lead today's training session for the new employees.

    (A) In fact   (B) Whereas   (C) Only   (D Were

9. _____ is Mr. Kim the award−winning head chef at the Plazia Hotel, but he is also an author of four popular cookbooks.

    (A) Not only   (B) So   (C) In case   (D) Either

10. Mr. Kim is not available at the time the work crew is scheduled to arrive, and _____ is Mr. Lee.

    (A) so   (B) also   (C) neither   (D) yet

Sentence Building

1

어제 가게에서 CD를 산 것은 바로 케이티였다.

It was Kate that bought the CD at the store yesterday.

▶ 문장 구조 분석

It is [was] ~ that ~ 구문은 '~한 것은 바로 ~이다[였다]'라는 의미로, 강조하고자 하는 말을 It is[was]와 that 사이에 쓴다. 원래 문장은 Kate bought the CD at the store yesterday.

2

이것은 내가 찾던 바로 그 책이다.

This is the very book I was looking for.

▶ 문장 구조 분석

여러 가지 강조 표현 중 'the very'는 명사를 강조할 때 쓰인다.

3

도대체 너 여기서 뭐하고 있는 거냐?

What on earth are you doing here?

▶ 문장 구조 분석

'on earth'는 의문사를 강조하기 위해 쓰였다.

4

그의 의견이 항상 옳은 것만은 아니다.

His opinion was not always right.

▶ 문장 구조 분석

'not + all, every, both, always, necessarily'의 형태의 부분 부정이다. '모든/항상/둘
다/반드시 ~은 아니다'라는 의미이다.

5

나는 그렇게 잘생긴 남자를 본 적이 없다.

Never have I seen such a handsome boy.

▶ 문장 구조 분석

부정어 'not, never, little, hardly, seldom, no, scarcely' + (조동사) + 주어 + 본동사
순서로 부정어를 강조하기 위해 도치가 일어난다. 원래 문장은
I have never seen such a handsome boy.

6

그가 부지런했다면 그는 부자가 되었을 텐데

Had he been diligent, he would have been rich.

▶ 문장 구조 분석

가정법에서 if가 생략될 때 도치된 경우이다.
『Had + 주어 + p.p., 주어 + would/should/could/might have p.p.』 구조의 가정법
과거완료 문장이다. 원래 문장은 If he had been diligent, he would have been rich.

7

그 소식을 듣자마자 그녀는 감정을 표출하였다 왜냐면 그녀가 예상했던 소식이 아니었기 때문이다.

No sooner had she heard the news than she expressed her emotion as it was not the news she had expected.

▶ 문장 구조 분석

Scarcely, hardly, never, no 등의 부정어를 문두로 빼서 강조할 때 주어와 동사를 도치시킨다. 강조의 뜻을 나타낸다.

8

새미는 그녀가 나를 좋아하는 것보다 더 그를 좋아한다.

Sammy likes him better than (she like) me.

▶ 문장 구조 분석

비교급 구문에서 주어 + 동사를 생략한 경우이다.

9

그들이 어렸을 때는 그들은 항상 행복해 보였다.

When (they were) young, they always looked happy.

▶ 문장 구조 분석

부사절에서 주어 + be동사가 생략된 경우이다.

10

나는 우주비행사가 되는 꿈이 있다.

I had a dream that I became an astronaut.

▶ 문장 구조 분석

명사(구)와 같은 내용이거나 이를 보충, 설명하기 위해 다른 표현이 더해진다.
「news, idea, fact, rumor, doubt ~ + that + 주어 + 동사」

Sentence Building HW

1 케이티가 어제 가게에서 샀던 것은 바로 CD였다.

2 우리 아들은 햄버거를 전혀 좋아하지 않는다.

3 나는 책 두 권을 다 읽은 것은 아니다.

4 반짝이는 모든 것이 금은 아니다.

5 그는 한마디도 하지 않았다.

6 그는 그녀가 오리라고는 전혀 생각하지 못했다.

7 그녀는 10시까지 학교에 오지 않았다.

8 만약 그가 부자였다면 그는 집을 살 수 있었을 텐데.

9 어떤 학생들은 수학을 좋아하고 어떤 학생들은 영어를 좋아한다.

10 주디는 내가 너를 좋아하는 것보다 더 너를 좋아한다.

Unit 13

Conjunction
(접속사)

Ⓐ Key Grammar Pattern

등 위 접 속 사	and		I bought an apple and a pear.
	but		He went to school, but he didn't go to the class.
	or		Do you want to go a restaurant or a coffee shop?
	so		There was a car accident, so I was late for the class.
	for		I went to swimming, for the temperature was really high.
상 관 접 속 사	both A and B	항상 복수 동사	I like both Korean food and Western food.
	either A or B	동사와 더 가까운 B에 일치	Either you can stay at home or I can give you a ride to the school.
	neither A or B		I can speak neither French nor Italian.
	not only A but (also) B		I take not only English but also science.
	B as well as A		I take science as well as English.

			주어	That she is tall is true.
종속접속사	명사절을 이끄는 접속사	that	목적어	I hope (that) our campaign can save the earth.
			보어	The problem is that she doesn't understand the rule.
			동격	I don't know the fact that she has a sister.
		whether / if	주어	Whether she likes the new home is unclear to me.
			목적어	The success depends on whether she will help us.
			보어	The problem is whether she will come back home.
	시간의 부사절을 이끄는 접속사	when		When I go to school, my dog always follows me.
		while		I sent a message, while I was riding a bus.
		before		Wash your hands before you go back to work.
		after		Brush your teeth after you eat breakfast.
		until		The desk will keep making noise until you fix it.
		as		I heard the knock on the door as I was in the room.
		since		She has practiced Taekwondo since she was a child.
		as soon as		As soon as school is finished, I ran into the bus.
		every time =each time =whenever		I took a picture every time I visited new place.
				I took a picture each time I visited new place.
				I took a picture whenever I visited new place.

종속접속사	조건의 부사절을 이끄는 접속사	**if**	If it doesn't rain, I will stay at home.
		unless	Unless she brings an umbrella, she will get wet.
	이유나 원인의 부사절을 이끄는 접속사	**because**	I cannot buy the clothing because it was too expensive.
		as	She has many friends as she is always nice ti them.
		since	I have to go home now since it's getting dark.
	목적의 부사절을 이끄는 접속사	**so that**	I cleaned my room so that I could stay at home.
		in order that	I cleaned my room in order that I could stay at home.
	결과의 부사절을 이끄는 접속사	**so~that...**	I was so surprised that I couldn't say anything.
	양보의 부사절을 이끄는 접속사	**though** **=although** **=even though**	Though the waiter was slow he was polite.
접속부사	대조	however	He was successful. However he was not happy.
	결과	therefore	He always practiced baseball. Therefore he could win the game.
	첨가	moreover	Edison was a great inventor. Moreover he was a successful businessman.
	예시	for example	I like watching movies. For example I watched Joker last weekend.

Pattern Practice

1. 1. It is difficult with precision to say about the market share till the company knows _____ the market is.

(A) that   **(B) what**   (C) which   (D) whether

2. Evidence has suggested _____ the incidence of deaths due to hypertension is decreased in people who eat nuts several times per week.

(A) what   **(B) that**   (C) so   (D) which

▶ **문장 구조 분석**

주어(evidence) + 동사구(has suggested) + _____ 주어(the incidence of~) + 동사구(is decreased)

suggest 동사는 목적어를 필요로 하는 완전타동사이므로 빈칸 이하 절은 suggest의 목적어가 되어야 한다. 빈칸 이하 절에는 주어 동사가 오므로 빈칸은 명사절 접속사 that이 적합하다.

incidence 사례, 건수

hypertension 고혈압

3. The interviewer should decide whether _____ closed or open ended questions.

(A) using   (B) they use   (C) used   **(D) to use**

해석

: 인터뷰 담당자는 폐쇄형 또는 개방형 질문을 이용할지의 여부를 결정해야 한다.

▶ 문장 구조 분석

주어 + should decide + 목적어(whether~) 구조의 3형식 문장이다. 빈칸 앞의 whether가 '~할지 말지' 의미로 동사의 목적어로 쓰이는 명사절을 이끈다. if와 바꿔 쓸 수 있다. 이때 if는 '만약'의 뜻이 아닌 '~할지 말지' 의미로 쓰인다. 보통은 whether 뒤에 주어가 오므로 명사가 나오는데 이경우 특이하게 to 부정사가 쓰였다. decide whether to use ~ '쓸지 말지를 결정하다'라는 의미가 된다.

4. Almost all the companies want to know in advance _____ a relatively old applicant can handle the job before they are hired.

(A) what   **(B) if**   (C) so   (D) which

해석

: 대부분의 회사들은 비교적 나이가 많은 지원자들이 고용되기 전에 우선 그들이 일을 처리할 수 있는지 알기 원한다.

▶ **문장 구조 분석**

주어(companies) + 동사(want to know) + 목적어(If절)

빈칸 이하는 목적어가 되어야 하므로 If + 주어(applicant) + 동사(can handle) + 목적어(the job)로 이루어진 구조이다. 이때 If는 '~할 수 있는지 없는지'라는 의미의 접속사로 쓰였다.

5. Recommendations for new medical tests and vaccines often require information on _____ they are cost-effective.

(A) that   (B) what   **(C) whether**   (D) if

해석

: 새로운 건강 검진이나 백신에 대한 권고들은 그것들의 비용이 효율적인지 아닌지에 대한 정보를 종종 필요로 한다.

▶ 문장 구조 분석

주어(recommendations for ~) + 동사(require) + 목적어(information on ___ 주어 + 동사) 구조의 3형식 문장이다. 전치사 on 뒤에 목적어가 되는 절을 이끌면서 주어 동사가 따라오는 명사절 접속사를 찾는 문제이다.

Pattern Practice HW

1. Please notify us in advance _____ there is any danger connected with the samples or with handling of the samples.

    (A) whereas   (B) so that   (C) since   (D) in case

2. _____ no further objections are raised, we will consider the matter completely settled.

    (A) As if   (B) Provided   (C) Depending on (D) In summary

3. Representatives of Strong Steel will remain in West Virginia _____ the company can be of help to the local authorities.

    (A) whether   (B) soon   (C) in order   (D) as long as

4. _____ there was a rise in the number of abandoned children, the state tried to recruit some additional nurses.

(A) In spite that   (B) Since   (C) Due to   (D) So

5. Workers should always be reminded that _____ foods are wrapped with extreme care, they could decay in transit.

(A) in case   (B) considering   (C) so that   (D) unless

6. _____ the project division accepted bids from most of the would−be suppliers, we especially favor those from financially sound companies.

(A) Except   (B) While   (C) Whether   (D) So

7. The federal government should do more to solve the nation's problems _____ it means higher taxes on its people.

(A) in spite of   (B) whether   (C) in case   (D) whereas

8. The orders that we requested last month will arrive _____ on Wednesday or Thursday.

(A) both   (B) at   (C) either   (D) neither

9. Neither our company _____ the industry as a whole has fully recovered from the recent downturn.

(A) but   (B) and   (C) or   (D) nor

10. There is a site that prides itself on not only having the lyrics to all the famous music, _____ an explanation of song's meaning.

(A) and   (B) but   (C) nor   (D) therefore

Sentence Building

1

자동차 사고가 있었다. 그래서 난 수업에 늦었다.

There was a car accident, so I was late for the class.

▶ 문장 구조 분석

인과관계를 나타내는 접속사이다.

2

네가 집에 머물거나 혹은 내가 너한테 학교까지 태워다 주겠다.

Either you can stay at home or I can give you a ride to the school.

▶ 문장 구조 분석

Either A or B는 상관접속사이고 'A 혹은 B'의 의미이다.

3

나는 프랑스어도 이탈리아어도 둘 다 못한다.

I can speak neither French nor Italian.

▶ 문장 구조 분석

neither A or B 는 상관접속사이고 'A 혹은 B' 둘 다 부정의 의미이다.

4

문제는 그녀는 규칙을 이해하지 못한다는 것이다.

The problem is that she doesn't understand the rule.

▶ 문장 구조 분석

that은 명사절을 이끄는 접속사이다.

5

비록 웨이터가 느렸지만 그는 예의 발랐다.

Though the waiter was slow he was polite.

▶ 문장 구조 분석

though가 양보의 부사절을 이끄는 접속사로 쓰인 경우이다.

6

나는 내가 버스를 타고 있는 동안 새로운 메시지를 보냈다.

I sent a message, while I was riding a bus.

▶ 문장 구조 분석

while이 시간의 부사절을 이끄는 접속사로 쓰인 경우이다.

7

네가 책상을 고칠 때까지 그 책상은 계속 소음을 낼 것이다.

The desk will keep making noise until you fix it.

▶ 문장 구조 분석

until이 시간의 부사절을 이끄는 접속사로 쓰인 경우이다.

8

나는 새로운 곳을 갈 때마다 사진을 찍었다.

I took a picture every time I visited new place.

▶ 문장 구조 분석

every time이 시간의 부사절을 이끄는 접속사로 쓰인 경우이다. each time, whenever와 같은 뜻으로 '~할 때마다'의 의미이다.

9

나는 방을 치웠다 그래서 집에서 머물 수 있었다.

I cleaned my room so that I could stay at home.

▶ 문장 구조 분석

so that ~은 목적의 부사절을 이끄는 접속사로 쓰였다.

10

에디슨은 위대한 발명가이다. 게다가 그는 성공적인 사업가이다.

Edison was a great inventor. Moreover he was a successful businessman.

▶ 문장 구조 분석

moreover는 첨가를 나타내는 접속 부사로 쓰였다.

Sentence Building HW

1 나는 수영하러 갔다. 왜냐면 온도가 너무 높았기 때문에.

2 그녀가 새집을 좋아할지 아닐지는 나에게 분명하지 않다.

3 문제는 그녀가 집에 돌아올지 말지이다.

4 아침 먹은 후에 양치질을 해라.

5	내가 방에 있었기 때문에 문에 노크하는 소리를 들었다.

6	학교가 끝나자마자 나는 버스로 뛰어갔다.

7	나는 새로운 장소를 방문할 때마다 사진을 찍는다.

8	그녀가 우산을 가져오지 않는 한 그녀는 젖을 것이다.

9	나는 집에 머무르기 위해 내 방을 청소했다.

10	나는 영화 보는 것을 좋아한다. 예를 들면 지난 주말에 조커를 보았다.

Unit 14

Modal Auxiliary
(조동사)

Ⓐ Key Grammar Pattern

1 Will

> 조동사(helping verb)는 혼자 쓰이지 못하고 다른 동사를 도와주는 역할을 한다. 조동사 뒤에는 동사원형이 와야 한다. 조동사는 주어의 인칭과 수에 따른 형태 변화가 없고 부정문은 『조동사 + not + 동사원형』, 의문문은 『조동사 + 주어 + 동사원형』 순서로 쓴다. 조동사는 2개 이상 같이 쓰지 않는다.

1-1 의미

의지 또는 계획을 나타내는 경우

· I will pass the exam.

단순 미래 또는 예측을 나타내는 경우

· Losing weight will be very difficult.

1-2 과거형 (would)

정중하게 도움이나 협조를 요청하는 의미를 가짐.

· Would you do me a favor?

would like to

'~하고 싶다'의 의미

· I would like to go for a walk.

예의를 갖춰 상대방의 의지를 묻는 표현

· Would you like to have lunch with me?

1-4 **유사한 뜻 (be going to)**

긍정의 경우

· He is going to go picnic with his family.

부정의 경우

· My mother is not going to eat this dish.

의문문의 경우

· Are you going to eat out tonight?

1-5 **부정형**

· will not = won't
· I won't go to school today.

· be not going to
· would not = wouldn't

의문문

계획이나 의지의 의미를 가짐.

· Will you join the baseball team?

요청의 의미를 가짐.

· Will you open the door?

1-7 **진행형**

'~하고 있을 것이다'라는 의미를 가짐

· I will be missing you so much.

2 Can

2-1 **의미**

능력

· He can speak Chinese.

허가

· You can come home whenever you want.

추측

· I think it can be true.

2-2 부정형 (can't)

불가능

· I can't dance.

약한 금지

· You can't go there alone.

추측

· It cannot be true.

2-3 의문문

능력, 가능

· Can you go shopping with me?

요청, 허가

· Can you make me coffee?

추측

· Can it be really true?

2-4 과거형(could)

긍정문

· I could swim faster.

부정문

· He couldn't find the key.

의문문(정중한 요청)

· Could lend me some money?

2-5　**비슷한 표현(be able to)**

긍정문

· She is able to swim.

부정문

· They were not able to do it by themselves.

의문문

· Are they able to paly baseball?

미래시제

· She will be able to take care of herself.

3 May

3-1 의미

추측

· He may come to the school today.

허가

· You may come to my office.

3-2 부정형(may not)

부정적 추측

· He may not leave tonight.

금지

· You may not stay here.

= You cannot stay here.

= You must not stay here.

　(may not보다 강한 표현)

3-3 의문문(May I ~?)

상대방의 허락을 요할 때

· May I go to a restroom?

may (not) have + p.p.

과거의 일에 대한 추측을 나타낼 때

'~했을 지도 모른다', '~이었을지도 모른다'의 의미

· She may have missed the train.

might be

may의 과거시제를 나타내는 것이 아니라 '어쩌면 ~일지도 모른다'
라는 추측의 의미로 쓰인다. may보다는 약한 추측이거나 불확실한 추
측을 나타낼 때 쓰인다. 부정형 might not be는 '어쩌면 ~이 아닐지도
모른다'의 의미이다.

· He might be a famous celebrity.

4   Must

4-1   must be

추측

'~임이 틀림없다'의 의미이고 may보다 강한 추측을 나타낸다.

· He must be a teacher.

의무

'반드시~해야 한다'의 의미이고 의무를 나타낼 때 쓴다.

· You must come to the class.

4-2 must not

'절대로 ~해서는 안된다'의 의미이며 강한 금지를 나타낸다.

· You must not kill other people.

4-3 have to

must보다는 약한 뜻이지만 의무를 나타낸다.

· I have to prepare dinner for my parents.

must는 과거형을 쓸 수 없으므로 과거시제의 의무를 나타낼 때는 had to를 쓸 수 있다.

· I had to take care of my baby.

4-4 ought to

'~해야 한다' 의미로 should보다 강한 의무를 나타내지만 must보다는 약한 의무를 나타낸다.

· I ought to finish my homework before the deadline.

4-5 had better

'~하는 게 낫겠다'의 의미이며 should보다 더 강한 충고나 권유를 나타낸다.

· You'd better go home now.

5 Should

의무

'~하는 게 더 좋겠다'의 뉘앙스를 가지며 must 보다 약한 의무를 나타낸다.

· You should be quiet at a public place.

5-2 should not

'~하지 않는 게 좋겠다' 의미로 must not보다 약한 금지를 나타낸다.
· You should not run in a restaurant.

5-3 이성적 판단, 주장, 명령, 제안을 나타내는 단어 + that + 주어 +(should)+ 동사원형

이성적 판단의 형용사 또는 주장, 명령, 제안을 나타내는 동사나 명사 뒤에서 should는 생략 가능하다. 그 결과 동사원형만 남는다.

동사: 주장하다(insist, urge), 요구하다(demand, request, require, ask), 충고하다(advise, recommend), 제안하다(suggest, propose, move)
· He insists that she (should) finish her college to get a better job.

형용사: 필수적인(necessary, essential, vital, imperative), 긴급한(urgent), 바람직한(advisable, desirable), 적절한(important, natural, proper)
· It is vital that everyone (should) need air and water.

명사: 제안(suggestion), 필요조건(requirement), 추천(recommendation).

명령(order), 요청(request), 지시(instruction)

· It is the requirement that we all (should) finish our classes before the graduation.

5-4 같은 단어이지만 should가 사용되지 않는 경우

문장에서 주장, 명령, 제안의 의미로 쓰이지 않았으면 should가 사용되지 않는다.

should가 사용된 적도 없고 생략된 적도 없으므로 동사원형이 오는 것이 아니라 시제, 인칭에 영향을 받는 일반 동사가 오게 된다.

insist: 사실을 주장할 때 (우기다)

· He insisted that he took a test even though the lecturer couldn't find his test sheet.

suggest: 암시하다

· The report suggests that the girl outperforms the boy.

Pattern Practice

1. I always _____ my teeth after meals.

(A) brushed　　　　**(B) brush**　　　　(C) will brush　　　　(D) will be brushed

---

해석

: 나는 항상 식사 후에 이를 닦는다.

반복되는 일, 습관, 빈도를 나타내는 말(빈도부사)와 함께 쓰이면 현재형을 쓴다.

▶ **문장 구조 분석**

빈도부사는 usually, always, often 일반 동사의 앞, be동사나 조동사의 뒤에 쓴다.

2. The new movie theater _____ on July 4th.

(A) opens   (B) open   (C) will open   (D)will be opened

해석

: 새로운 극장이 7월 4일 문을 연다.

▶ **문장 구조 분석**

현재시제로 확정된 미래의 일을 표현할 수 있다.

3. She _____ the dress a week ago.

(A) buys   **(B) bought**   (C) will buy   (D)will be bought

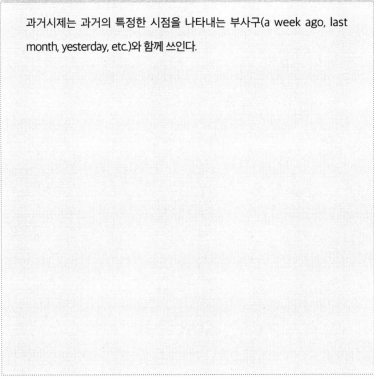

해석

: 그녀는 일주일 전에 드레스를 샀다.

▶ **문장 구조 분석**

과거시제는 과거의 특정한 시점을 나타내는 부사구(a week ago, last month, yesterday, etc.)와 함께 쓰인다.

4. The game development team currently working in the company
_____ for nearly a couple of years by the time their new
product is released.

(A) will be serving   (B) had served

(C) has served   **(D) will have served**

해석

: 현재 회사에서 일하고 있는 개임 개발부는 신제품이 출시될 쯤이면 거의 2년 동안 일
한 셈이 될 것이다.

▶ 문장 구조 분석

동사의 시제를 찾는 문제인데 by the time ~ '~할 때 쯤이면'이라는 의미의
시간접속사가 이 문제의 힌트가 된다. 뒤에 is released라는 현재시제가 나
오므로 주절에서는 미래시제를 나타내야 한다. (A) will be serving은 미래진
행형이고 (D) will have served는 미래완료형이다. 의미상 '2년이라는 기간
이 끝난다'는 행위의 완료 개념이 있기 때문에 미래완료 시제가 적합하다.

5. It is imperative that everyone _____ the regulations.

(A) follows (B) is followed (C) is following **(D) follow**

해석

: 모든 사람이 규율을 따르는 것은 필수적이다.

▶ **문장 구조 분석**

imperative는 이성적 판단, 주장, 명령, 제안을 나타내는 단어로써 that절 이
하에서 should가 함께 쓰이고 생략되므로 동사원형이 와야 한다.

It is imperative that everyone (should) follow the regulations.

Pattern Practice HW

1. With this state-of-the-art device, you have access to all your important files from your office to you _____ you may be.

(A) whenever   (B) whatever   (C) wherever   (D) however

2. The person or team _____ research paper is ranked in the top two will receive an additional cash of $300.

(A) that   (B) which   (C) who   (D) whose

3. As the number of local people's visits to city hall climbs, _____ the demand for government service to operate it.

(A) as long as   (B) whereas   (C) so does   (D) as to

4. Daemin Food Company has attributed its recent popularity with consumers to changes in its recipes _____ its new packaging.

(A) as far   (B) even so   (C) rather than   (D) after all

5. This guarantees _____ in two working days and also requires a signature at the point of delivery.

(A) delivering   (B) delivery   (C) delivered   (D) deliverable

6. Buyers should consult other sources of information to evaluate the _____ of systems they are considering purchasing.

(A) performance   (B) performing   (C) performed   (D) perform

7. All reservation are subject to _____ if payments are not received by the due date.

(A) be cancelled   (B) cancel   (C) cancellation   (D) canceling

8. It is _____ to hear that our sales department has started to purse overseas markets aggressively.

(A) encourage   (B) encourages   (C) encouraged   (D) encouraging

9. Only after the city built a new stadium did the downtown area _____ popular with out-of-town tourists.

(A) become   (B) became   (C) becoming   (D) has become

10. The employee handbook explains _____ new employees need to know regarding company benefits.

(A) which   (B) where   (C) how   (D) what

Sentence Building

1

언제든지 네가 원할 때 올 수 있다.

You can come home whenever you want.

▶ **문장 구조 분석**

조동사 can은 이 문장에서 허락의 의미로 쓰였다.

2

그녀는 기차를 놓쳤을지도 모른다.

She may have missed the train.

▶ **문장 구조 분석**

may (not) have + p.p. 구조로 과거의 일에 대한 추측을 나타낼 때 쓰인다.

'~ 했을 지도 모른다', '~ 이었을지도 모른다'의 의미가 있다.

3

그는 유명한 연예인일 수 있어.

He might be a famous celebrity.

▶ **문장 구조 분석**

might be는 may의 과거시제를 나타내는 것이 아니라 '어쩌면 ~일지도 모른다'라는 추측의 의미로 쓰인다. may보다는 약한 추측이거나 불확실한 추측을 나타낼 때 쓰인다.

4

그는 선생님임에 틀림없다.

He must be a teacher.

▶ 문장 구조 분석

must be는 '~임이 틀림없다'의 의미이고 may보다 강한 추측을 나타낸다.

5

나는 데드라인 전에 숙제를 끝마쳐야만 한다.

I ought to finish my homework before the deadline.

▶ 문장 구조 분석

ought to는 '~해야 한다' 의미로 should보다 강한 의무를 나타내지만 must보다는 약한 의무를 나타낸다.

6

너는 지금 집에 가는게 낫겠다.

You'd better go home now.

▶ 문장 구조 분석

had better는 '~하는 게 낫겠다'의 의미이며 should보다 더 강한 충고나 권유를 나타낸다.

7

공공장소에서는 조용히 하는 게 좋겠다.

You should be quiet at a public place.

▶ 문장 구조 분석

should는 의무를 나타내는데 '~하는 게 더 좋겠다'의 뉘앙스를 가지며 must보다 약한 의무를 나타낸다.

8

너는 식당에서 뛰지 않는 게 좋겠다.

You should not run in a restaurant.

▶ 문장 구조 분석

should not은 '~하지 않는 게 좋겠다' 의미로 must not보다 약한 금지를 나타낸다.

9

졸업 전에 우리가 모든 과목을 끝내야 하는 것은 필수적이다.

It is the requirement that we all (should) finish our classes before the graduation.

▶ 문장 구조 분석

이성적 판단, 주장, 명령, 제안을 나타내는 단어 + that + 주어 +(should)+ 동사원형의 구조이다. 이성적 판단의 형용사 또는 주장, 명령, 제안을 나타내는 동사나 명사 뒤에서 should는 생략 가능하다. 그 결과 동사원형만 남는다.

10

비록 강사가 시험지를 찾을 수 없었지만 그는 시험을 봤다고 우겼다.

He insisted that he took a test even though the lecturer couldn't find his test sheet.

▶ 문장 구조 분석

일반적으로 이성적 판단, 주장, 명령, 제안을 나타내는 단어로 쓰이지만 문장에서 주장, 명령, 제안의 의미로 쓰이지 않았으면 should가 사용되지 않는다.

Sentence Building HW

1	나는 그것이 사실이라고 생각한다.

2	너 혼자 거기 갈 수 없어.

3	그들은 그것을 그들 스스로 할 수 없었다.

4	그녀는 그녀 자신을 돌볼 수 있을 것이다.

5 그는 오늘 밤 떠나지 않을지도 몰라.

6 그녀는 그녀 나라에서 유명한 코미디언일지도 몰라.

7 다른 사람을 죽여서는 절대 안 된다.

8 나는 부모님을 위해서 저녁 식사를 준비해야 한다.

9 학생들은 학기가 끝나기 전까지 수업 듣는 것을 마치는 것이 요구된다.

10 그 보고서는 여자애들이 남자애들보다 더 앞선다고 암시한다.

Homework
정답 및 해설

Ⓒ Pattern Practice HW

1 Animal research and human studies have revealed that males and females may _____ in their biological responses to drugs.

(A) suffer   **(B) differ**
(C) confer   (D) decipher

▶ 해석

동물 실험과 인간 대상 연구는 남녀의 약에 대한 생리적 반응이 다를 수 있음을 증명했다.

▶문장 구조 분석

주어(animal research and human studie) + 동사 (have revealed) + 목적어(that~) 구조의 3형식 문장 이다.

Confer: 1. 상의하다. 2. (상, 학위, 명예자격) 수여하다
Decipher: 1. 판독하다. (암호를) 해독

2 It was James Baker's amazing work on our future construction project that _____ him the lifetime excellence award.

(A) honored   (B) achieved
(C) took   (D) won

▶ 해석

그것은 제임스 베이커에게 평생 우수상의 영광을 안겨준 우리 미래 건설 프로젝트의 놀라운 작품이 었다.

▶문장 구조 분석

주어(it) + 동사(was) + work(목적어) + on~ (부사 구) 구조의 3형식 문장이다.

선행사(our future construction project + 주격 관계 대명사(that~) 구조이다.

that~ 절은 동사 + 사람 목적어(him) + award (목 적어) 구조의 4형식 문장이다. '사람에게 상을 주다' 라는 의미이다.

3 The apartment residents said that the construction company ilegally charged _____ fees to end their lease agreements.

(A) they   (B) their
(C) them   (D) their

▶ 해석

아파트 주민들은 건설회사가 입주민들의 임대 계 약을 끝내기 위해서 불법적으로 그들에게 요금을 청구했다고 말했다.

▶문장 구조 분석

주어(the apartment residents) + 동사(said) + 목적 어(that~절) 구조의 3형식 문장이다. that ~ 이하 절 에서는 주어(construction company) + 동사(charge) + 간접목적어(them) + 직접목적어(fee) + 부사구(to ~) 구조의 4형식 문장이다. 의미상 '그들에게(입주 민) 요금을 징수하다'라는 4형식 문장이 답이 된 다. 그러나 그들의 요금을 징수하다는 3형식 문장 은 의미가 통하지 않는다.

4 While he was first hesitant to _____ it his support, he has now come out in favor of the center

(A) keep   (B) give

(C) require   **(D) announce**

▶ **해석**

그는 처음에 그의 지지를 발표하는 것을 주저하였지만, 그는 지금 중앙에서 찬성하는 입장이다.

▶ **문장 구조 분석**

주절은 주어(he) + 동사(has come out) + 부사구(in favor ~) 구조의 1형식 문장이다. 종속절에서는 주어(he) + 동사(was) + 보어 (hesitate to ~) 구조의 2형식 문장이다. while은 종속절을 이끄는 접속사이다.

---

5 This morning Mr. Kwon _____ me about a recently released movie featuring famous actors and actresses in Korea and U.S.

(A) confessed   (B) recommended

(C) suggested   **(D) told**

▶**해석**

오늘 아침에 권씨가 나에게 한국과 미국에서 유명한 배우들이 출연한 최근 개봉된 영화에 대해 말했다.

▶**문장 구조 분석**

주어(Mr. Kwon) + 동사(tell) + 목적어(me) + 부사구(about ~) 구조의 3형식 문장이다.

---

6 At the Seoul medical center, a few physicians _____ the press on many facts about Avian Influenza plaguing some Asian countries.

(A) briefed   (B) explained

(C) assured   (D) told

▶**해석**

서울의 병원에서 몇몇 내과의들이 일부 아시아 국가를 괴롭히는 조류 독감에 대해 언론에 설명했다.

▶**문장 구조 분석**

주어(a few physicians) + 동사(brief) + 목적어(the press) + 부사구(on ~) 구조의 3형식 문장이다.

brief와 explain 둘 다 한국어로는 '설명하다'의 의미이지만 동사에 따라 쓰임이 다르다.

brief somebody on something

explain something to somebody

---

7 If you are going to _____ to the class about something, you should know the subject matter thoroughly.

(A) say   (B) tell

(C) speak   (D) deliver

▶**해석**

만약 네가 무엇에 관하여 강연을 할 예정이라면 그것에 대하여 철두철미하게 알아야만 한다.

▶**문장 구조 분석**

주어 (you) + 동사(know) + 목적어 (the subject matter) 구조의 3형식 문장이다. 같은 의미이지만 동사에 따라 쓰임이 다르다.

speak to/with + 대상 + about ~ (on) / that

say + 목적어 + to 대상

say to 대상 that ~

tell + 대상 + about/ that ~

deliver the class about ~

8 After much _____, city planning officials determined that the conference center should be built elsewhere.

(A) deliberately   (B) deliberated
(C) deliberate   **(D) deliberation**

▶해석

심사숙고 끝에 도시 계획 공무원들은 회의장을 다른 곳에 지어야 한다고 결정했다.

▶문장 구조 분석

전치사의 목적어 자리를 묻는 문제이다. 빈칸은 전치사 after의 목적어 자리이므로 명사 역할을 하는 단어가 적합하다.

deliberation 심사숙고

---

9 _____ the initial application form has been received in our registration office, you will not be required to provide any further documentation.

(A) Whether   **(B) Once**
(C) As if   (D) Yet

▶해석

1차 신청 서류가 등록사무실에 접수되면, 추가 서류를 제출할 필요가 없습니다.

▶문장 구조 분석

You will~이 주절이므로 빈칸이 이끄는 문장은 종속절이 되어야 한다. 그러므로 접속사가 필요하다. 의미상 '1차 신청 서류가 접수되면~'이라는 의미이므로 once가 적합하다.

---

10 The menu of this restaurant changes weekly _____ on the availability of seasonal ingredients.

(A) depend   (B) depends
(C) depended   **(D) depending**

▶해석

이 식당의 메뉴는 계절 재료가 있는지 여부에 따라 매주 달라진다.

▶문장 구조 분석

주어(menu) + 동사(changes) + 부사 + 전치사구 구조의 1형식 문장이다. on과 함께 쓰여 전치사구를 이룰 수 있는 depending이 답이 된다.

Ⓔ Sentence Building HW

1. 그는 식당에서 매일 아침을 많이 먹는다.
   He eats a lot every morning in the restaurant.

2. 나의 꿈은 유명한 배우가 되는 것이다.
   My dream is to be a famous actor.

3. 그 아이는 조용히 있었다.
   The child remains silence.

4. 그 학생은 수업 후에 피곤해졌다.
   The students got tired after the class.

5. 그녀는 좋은 여자친구인 것으로 보인다.
   She appears a good girlfriend.

6. 난 네가 이 집에서 좋은 추억을 갖기를 바란다.
   I hope that you have a great memory in this house.

7. 아들은 그의 아빠를 닮았다.

His son resembles his father.

8. 그는 나의 새로운 계획을 받아들이기를 거부했다.

He refuses to accept my new plan.

9. 그는 내게 무서운 이야기를 해 주었다.

He told a scary story to me.
He told me a scary story.

10. 나는 내 여자친구에게 차를 사주었다.

I bought my girlfriend a car.

Unit 2 Causative Verb & Perception Verb
(5형식 문장과 사역동사 & 지각동사)
Ⓒ Pattern Practice HW

1 Every time you leave the house for some period of time, be sure to let all the doors and windows _____ for safety's sake.

(A) close　　　　(B) closed

(C) be closed　(D) closing

▶해석

일정 시간 동안 네가 집을 떠날 때는 항상 모든 문과 창문은 안전을 위해 닫아 두도록 하는 것을 명심해라.

▶문장 구조 분석

Every time은 '~할 때마다'라는 뜻을 가진 접속사이다. 주절 Be sure to~는 '~하는 것을 분명히 하라'는 의미의 주어가 생략된 명령문 형태이다.

Let + 사물 목적어(all the doors and windows) + be + p.p. 구조의 5형식 문장이다. 사물 목적어와 목적격 보어의 관계가 수동태로 쓰였다.

2 The internet has made _____ easier for vehicle buyers to search for banks that offer the best loans.

(A) they　　　　(B) what

(C) it　　　　(D) us

▶해석

인터넷으로 인해 차량 구매자들이 최고의 대출을 제공하는 은행을 찾는 게 훨씬 쉬워졌다.

주어(the internet) + 동사(has made) + it(가목적어) + 보어(easier) + to 부정사 구조의 5형식 문장이다.

3 The new online store makes it convenient _____ from your home.

(A) shop   (B) shopping
(C) shops   **(D) to shop**

▶해석

새 온라인 상점은 집에서 쇼핑하는 것을 편리하게 해준다.

▶문장 구조 분석

주어(the store) + 동사(makes) + it(가목적어) + 목적격 보어(convenient) + 진목적어(to 부정사) 구조의 5형식 문장이다.

4 The wireless headset makes it _____ to enjoy music without the use of wires or cables.

(A) possibly   **(B) possible**
(C) possibilities (D) more possibility

▶해석

무선 헤드셋은 선이나 케이블을 사용하지 않아도 음악을 즐길 수 있게 해준다.

▶문장 구조 분석

주어(the headset) + 동사(makes) + it(가목적어) + 목적격 보어(possible) + 진목적어(to 부정사) 구조의 5형식 문장이다.

5 Unexpected software issues may make it _____ to delay the launch of our new mobile phones to next year.

(A) necessarily   **(B) necessary**
(C) necessity   (D) more necessarily

▶해석

예기치 못한 소프트웨어 문제로 우리의 새 휴대전화 출시를 내년으로 미루는 것이 불가피할지도 모른다.

▶문장 구조 분석

주어(software issues) + 동사(may make) + it(가목적어) + 목적격 보어(necessary) + 진목적어(to 부정사) 구조의 5형식 문장이다. 보어 자리에 형용사가 오는 것이 적합하다.

6 Job applicants will find it useful _____ a candidate profile with a large recruiting agency to help in their employment search.

(A) to complete   (B) completion
(C) completing   (D) completely

▶해석

구직자들은 채용 정보를 찾을 때 큰 채용업체의 도움을 받아 지원자 프로파일을 작성하는 것이 유용하다고 생각할 것이다.

▶문장 구조 분석

주어(applicants) + 동사(will find) + it(가목적어) + 목적격 보어(useful) + 진목적어(to 부정사) 구조의 5형식 문장이다. 진목적어로 to 부정사가 오는 것이 적합하다.

---

7 Critics of the recent movie directed by director Park have criticized the plot too _____ .

(A) predicting　　　(B) predicted
(C) predictable　　(D) predictably

▶**해석**

평론가들은 박 감독이 감독한 최근 영화의 줄거리가 너무 예상할 만하다고 비평했다.

▶**문장 구조 분석**

주어(critics) + 동사(have criticized) + 목적어(the plot) + too(부사) + 목적격 보어(predictable) 구조의 5형식 문장이다. 보어 자리에 형용사가 오는 것이 적합하다.

---

8 The company plans to make its departments less _____ by eliminating unnecessary paperwork.

(A) waste　　　　**(B) wasteful**
(C) wastefully　　(D) wasting

▶**해석**

회사는 불필요한 문서 업무를 없애서 부서들의 낭비를 줄일 계획이다.

▶**문장 구조 분석**

주어(company) + 동사(plans to make) + 목적어(its department) + 목적격 보어(less wasteful) 구조의 5형식 문장이다. 목적격 보어 자리에 형용사가 적합하다.

---

9 Cokala Ltd. is using unique package designs to make its health drinks _____ to a wider range of consumers.

(A) attracts　　　(B) attractively
(C) attractive　　(D) attracting

▶**해석**

코카라 회사는 건강 음료를 더 다양한 소비자들에게 매력적으로 만들기 위해 독특한 포장 디자인을 사용하고 있다.

▶**문장 구조 분석**

주어(Ltd.) + 동사(is using) + 목적어(unique design)의 3형식 문장이다. 그러나 to 부정사절 이하에서 동사(make) + 목적어(its healthy drinks) + 목적격 보어(attractive) 구조의 5형식 문장이다. 목적격 보어 자리에 형용사가 적합하다.

---

10 Frequent changes in the market make it _____ for stero equipment producers to anticipate demand with much confidence or precision.

(A) hardly　　　(B) hardness
(C) hard　　　(D) harden

▶**해석**

시장의 잦은 변동은 스테레오 생산업체들이 자신 있게 혹은 정확하게 수요를 예측하는 것을 어렵게 만든다.

▶**문장 구조 분석**

주어(changes) + 동사(make) + 가목적어(it) + 목적격 보어(hard) 구조의 5형식 문장이다. 목적격 보어 자리에 형용사가 적합하다.

⒠ Sentence Building HW

1. 학생들은 그녀를 학생회장으로 선출했다.
(present of students council)
The students elected her a present of students council.

2. 나는 남자친구에게 나를 공항에서 픽업해 달라고 부탁했다.
I asked my boyfriend to pick me up at the airport.

3. 난 수리공에게 우리 집 지붕을 고치도록 시켰다.
I made a repairman fix the roof of my house.

4. 그녀는 아들이 늦게까지 TV를 보도록 허용했다.
She let her son watch TV late.

5. 난 수업이 끝난 후 문을 열어두도록 했다.
I let the door be opened after the class.

6. 난 내 여자친구가 농구하는 것을 보았다.
I watch my girlfriend playing basketball.

7. 난 기름 가격이 빠르게 오르는 것을 보았다.
I watched the oil prices rising fast.

8. 난 차를 고쳤다.
I had my car fixed.
I made technician fix my car.

9. 난 건물이 폭풍에 의해 쓰러지는 것을 보았다.
I saw the building knocked down by the storm.

10. 우리 아버지는 6시에 귀가하는 것을 규칙으로 삼으셨다.
My father made it a rule to come back home by 6 O'clock.

Unit 3 Adverb(부사)

ⓒ Pattern Practice HW

1 The new software will _____ decrease the amount of time it takes to schedule appointments.

(A) soon (B) recently
(C) lately (D) very

▶해석
　새 소프트웨어 덕분에 곧 약속 일정을 잡는 데 걸리는 시간이 줄어들 것이다.

▶문장 분석
　시간을 나타내는 부사 soon은 조동사 뒤 본동사 사이에 쓰였다.

2 Almost _____ after receiving the necessary tools, our crews began installing telephone cables in the northern part of the county.

(A) precisely **(B) immediately**
(C) continually (D) productively

▶해석
　필요한 도구들을 받은 후 거의 즉시 우리 작업반들이 카운티의 북부 지역에 전화 케이블을 설치하기 시작했다.

▶문장 분석
　강조 부사 immediately가 빈칸 뒤에 오는 after와 가장 잘 어울린다.

3 The students enrolled in the painting course at the Art School have worked exceptionally _____ over the past years.

(A) hard (B) hardy
(C) hardest (D) hardly

▶해석
　미술 학교의 회화 강좌에 등록한 학생들은 지난해 동안에 특별히 열심히 일했다.

▶문장 분석
　주어(students enrolled~) + 동사(have worked) + 부사(exceptionally) + 부사(hard) 구조의 1형식 문장이다.
　부사인 exceptionally의 수식을 받으려면 부사가 필요하다. hard '열심히'라는 의미의 부사이지만 'hardly'는 '거의 ~하지 않는다'라는 뜻을 가진 부정부사이다.
　enrolled는 주어를 수식하는 분사이다. '~한'이라는 의미를 가진 과거분사이다. 동사는 현재완료(have _ p.p.) 형태로 쓰였다.

4 Any employee working _____ at night must remember to turn off all the lights of the building before leaving the office.

(A) hard (B) forward
(C) very **(D) late**

▶해석
　밤 늦게까지 일하는 모든 직원은 밤에 퇴근하기 전 잊지 말고 모든 건물의 전등을 꺼야 합니다.

주어(employee working~) + 동사(must remember) + 목적어(to 부정사) 구조의 3형식 문장이다. working은 employee를 수식하는 현재분사이다. 이러한 현재분사를 수식할 수 있는 '늦게/ 늦게까지'라는 의미를 가진 단어가 필요하고 품사는 부사이다. late은 형용사와 부사의 형태가 같다.

---

5 Market research results for hydrogen fuel cell vehicle were _____ encouraging.

(A) well　　(B) near
(C) freely　**(D) very**

▶해석

수소전지차에 대한 시장 조사 결과는 매우 고무적이었다.

▶문장 분석

주어 + 동사 + 부사 + 보어(형용사) 구조의 2형식 문장이다. be동사와 형용사 사이에 들어갈 수 있는 품사는 부사이다.

hydrogen fuel cell vehicle 수소전지차

---

6 The student's work has improved _____ since he joined the team, thanks to feedback from his professor.

(A) significantly　(B) signifies
(C) significant　(D) signified

▶해석

교수의 피드백 덕분에 팀에 합류한 후 그 학생의 업무는 크게 향상되었다.

▶문장 분석

주어(work) + 동사(has improved) + 부사(significantly) 구조의 1형식 문장이다. 동사는 완료형(have + p.p.)이다. 빈칸에 부사가 적합한 품사이다.

---

7 The minor concerns that arose during the testing phase of development have _____ been resolved, and the product is ready to be released in to the market.

(A) since　(B) soon
(C) after　(D) often

▶해석

개발 시험 단계에서 발생했던 사소한 우려사항들은 그 이후 해결되었고, 제품은 시장에 출시될 준비가 되어 있다.

▶문장 분석

주어(concerns that ~) + 동사(have been resolved), and 주어 + 동사

동사는 완료 수동태(have + been + p.p.)이다. have와 been 사이에 들어갈 수 있는 단어는 시간을 나타내는 부사가 가능하다. since는 이 문장에서 접속사가 아니라 시간부사로 쓰였다.

arise - rose - arisen 떠오르다 발생하다

---

8 All of the ingredients in this cuisine are organic unless _____ specified.

(A) otherwise　(B) nothing
(C) one　　　(D) neither

▶해석

이 조리법들에 사용되는 모든 재료는 달리 명시된 경우가 아니면 모두 유기농 제품이다.

▶문장 분석

주어(all ingredients) + 동사(are) + 보어(organic) + unless ~

otherwise는 접속부사로 쓰였다. 의미는 '(앞에서 언급한 내용과) 다르게 표시된 경우가 아니면'이다.

specify 명시하다.

---

9 The quality of the furniture designed at EKIA has remained _____ consistent for the 100 years that the firm has operated.

(A) remarks   **(B) remarkably**
(C) remarkable   (D) remarked

▶해석

EKEA 회사에서 디자인한 가구는 회사가 100년 동안 사업을 해 오는 동안 놀라울 정도로 한결같은 품질을 유지하고 있다.

▶문장 분석

주어(the quality of ~) + 동사(has reamianed) + 부사 + 보어(consistent) 구조의 2형식 문장이다. 보어인 형용사 consistent를 수식하기 위해서는 부사가 필요하다.

remarkably 놀라울 정도로

---

10 The francaise restaurant employees may exchange shifts, they must _____ receive approval from a manager ahead of time.

(A) already   (B) completely
(C) always   (D) formerly

▶해석

프렌차이즈 레스토랑 직원들은 교대 근무 시간을 서로 바꿀 수 있지만, 항상 사전에 지배인으로부터 승인을 받아야 한다.

▶문장 분석

주어(they) + 동사(must receive) + 목적어(approval) + 부사구(from~)

조동사 must 와 본동사 receive 사이에 들어갈 수 있는 품사는 부사다. 의미상 '항상'이 적합하다.

Ⓔ Sentence Building HW

1. 혁신적으로 많은 재료들을 합침으로써 그 식당은 새로운 요리법을 개발하였다.

   By innovatively combining various ingredients, the restaurant created new cuisine.

2. 당신은 고객들과 소통하기 위해서 웹 사이트를 자주 업데이트해야 합니다.

   You should frequently update your web site in order to communicate with your customers.

3. 이 승강기는 대략 15명을 수용할 수 있다.

   This elevator can accommodate approximately 15 people.

4. 그 제안서는 예상된 예산을 훌쩍 넘어섰다.

   The proposal is well beyond the estimated budget.

5. 오로지 비즈니스 목적만으로 그 나라를 방문하는 사람들을 위해서 E2 비자가 요구된다.

E2 visa is required for those who visit the country solely for the purpose of business.

6. 뮤지컬의 2부가 시작되기 바로 직전에 휴식 시간이 있을 것이다.

There will be an intermission right before the second part of the musical.

7. 새로운 고용인들은 회계프로그램을 어떻게 쓰는지를 아직도 배우고 있다.

The new employees are still learning how to use the accounting software program.

8. 우리는 분실된 소포에 관한 불평들을 받는다. 그러므로 배달 서비스에 신경써야 한다.

We have received some complains about the missing parcel. Consequently, we should pay attention to delivery service.

9. 새 건물의 제안된 청사진은 매력적이지 못하다. 게다가 건설비용이 예상된 예산을 훨씬 넘게 든다.

The proposed blueprint of the new building is not attactive. Besides, the construction costs beyond the estimated budget.

10. 당신 전화기를 충격으로부터 보호하기 위해서는 딱딱한 플라스틱 커버를 가져야 한다.

Your phone should have a hard plastic cover to protect your mobil phone against bumps.

Unit 4 Passive(수동태)
ⓒ Pattern Practice HW

1 Though all were offered _____ for any time spent in this training program, none requested it.

(A) reimbursement   (B) standard
(C) investment   (D) reasoning

▶해석

비록 이번 훈련 프로그램에 할애된 어떤 시간도 배상해 주겠다고 모두에게 제안되었지만 누구도 그것을 요구하지 않았다.

▶문장 구조 분석

주절은 주어(none) + 동사(requested) + 목적어(it) 구조의 3형식 문장이다. 종속절은 양보의 뜻을 나타내는 접속사 though가 이끈다. 원래 문장은 주어 (Somebody) + 동사(offered) + 직접목적어(all) + 간접목적어(reimbursement) + 전치사구(for ~)의 4형식 문장이다. 직접목적어 all을 주어로 수동태로 쓰였다.

Reimbursement 배상/변상

2 Since he _____ Mayor, Mr. Sung has been the president of the National Federation of Fisheries Cooperative in the town.

(A) had elected   (B) is electing
(C) was elected   (D) will be elected

▶해석

그가 시장으로 선출된 이래로 성씨는 그 도시의 수산업 협동조합장으로 일해 왔다.

▶**문장 구조 분석**

주절은 주어(he) 동사(has been) + 보어(the president of ~) 구조의 2형식 문장이다. 시간을 나타내는 접속사 since가 이끄는 종속절이다. 원래 문장은 주어(People) + 동사(elected) + 목적어(him) + 목적격 보어(Mayer) 구조의 5형식 문장이다. 의미상 수동태가 적합한 것을 알 수 있고 목적어 him이 주어로 수동태로 쓰였다. 시제는 주절의 시제가 완료(has been)이므로 종속절에서 과거시제가 적합하다.

---

3 This program _____ with HTML formatting capability, allowing you to change the variable text font, font color and font size.

(A) has been enhanced

(B) has enhanced

(C) enhanced

(D) is enhancing

▶**해석**

다양한 글꼴이나 글씨 색깔, 그리고 글씨 크기를 변경할 수 있도록 허락함으로써 이 프로그램은 HTML 구성 능력이 향상되었다.

▶**문장 구조 분석**

주어(somebody) + 동사(enhanced) + 목적어(this program)로 이루어진 3형식 문장이다. 의미상 수동태가 적합하므로 This program이 주어로 수동태로 쓰였다. allowing~ 분사로 쓰였다.

---

4 National emissions of industrial pollutants have been 49 percent even as the nation's coal consumption rose 75 percent.

(A) reduced   (B) reducing

(C) reduce   (D) reduces

▶**해석**

산업 오염물질의 국가적인 배출은 국가의 석탄 소비가 75퍼센트 증가했음에도 불구하고 49퍼센트로 감소되었다.

▶**문장 구조 분석**

주절과 종속절로 이루어진 문장이다. 양보와 시간을 나타내는 접속사 even as가 종속절을 이끌었다. 주절의 원래 문장은 주어(somebody) + 동사(reduced) + 목적어(national emission of ~) + 보어(49 percent) 구조의 5형식 문장이다. 목적어인 National emissions of industrial pollutants이 주어로 수동태로 쓰였다. 동사구는 have + been + p.p. 현재완료수동으로 쓰였다. 시제는 종속절에서 rise의 과거형인 rose가 사용되었으므로 과거형 수동태나 현재완료 수동태가 적합하다.

---

5 In the next six months, more than 100 machines will _____ in the paper company and other location abroad.

(A) be reduced   (B) reducing

(C) be reducing   (D) have reduced

▶**해석**

앞으로 6달 이내에, 100개가 넘는 기계들은 페이퍼 회사와 다른 해외 지역에서 '감소되어질 것이다.'

▶**문장 구조 분석**

부사구(in the ~) + 주어(more than 100 machines) + 동사구(will + 감소 되어질 것이다) + 전치사구(in ~

and other ~). 의미상 주어인 기계들이 감소되어짐을 당하는 수동태가 적합함을 알 수 있다. 조동사 will 다음에 수동태가 오는 구조이다.

---

6 During this period, shuttle bus service for the above stops has to be temporarily _____ .

(A) suspend   **(B) suspended**
(C) suspending   (D) suspension

▶해석

이 기간 동안, 위에서 언급한 정류장에서 셔틀버스 서비스는 일시적으로 정지되어져야 한다.

▶문장 구조 분석

주어인 shuttle bus service for the above stops와 동사의 관계가 의미상 '멈춰져야 한다'라는 수동태가 적합하다. 원래 문장은 주어(somebody) 동사(has to suspend) + 목적어(shuttles bus service for ~)로 이루어진 3형식 문장이다. has to는 '~해야 한다'라는 의무의 뜻을 가진 조동사이다.

---

7 Please be _____ that these blogs are posted primarily for personal reasons; to be shared with family and friends.

(A) advice   **(B) advised**
(C) advising   (D) advisable

▶해석

가족과 친구들에게 공유되어지도록 이 블로그가 사적인 이유들을 위해 일차적으로 게시되어졌다는 것을 명심하세요.

▶문장 구조 분석

주어 you가 생략된 명령문 형태이다. 원래 문장은 You are advised that ~, 능동태로는 Somebody advise you that ~ 구조의 5형식 문장이 수동태가 된 경우이다. that ~ 절에서는 주어(blogs) + 동사(are posted) + 부사(primarily) + 전치사구(for ~) 구조이다.

---

8 Everyone in the conference room _____ that Professor Kim's lecture was the best that they had ever seen.

(A) convinces
(B) was convincing
(C) was convinced
(D) convinced

▶해석

회의실에 있는 모든 사람들은 김 교수의 강의가 지금까지 그들이 봐 왔던 것 중 최고였다는 사실에 설득되었다.

▶문장 구조 분석

주어(Everyone ~) 동사(was convinced) + that ~의 수동태 문장이다. 주어 everyone과 동사의 관계는 의미상 수동태가 적합하다. 원래 문장은 주어(Somebody) + 동사(convinced) + 목적어(everyone) + 목적격 보어(that ~) 구조의 5형식 문장이다. 시제는 that 이하 절에서 was가 쓰였으므로 주절에서 과거형이 적합하다.

---

9 The Green Valley Historical Society seminar _____ 17 September 2025 in Sunstar City, California where Birdie Hanks Wade will be the guest.

(A) took place

(B) are taking place

(C) will take place

(D) will be taken place

▶해석

그린 벨리 역사학회 세미나는 2025년 9월 17일 캘리포니아의 썬스타 시티에서 개최될 것이고 그곳에서 버디 행크 웨이드씨가 객원연설자가 될 것입니다.

▶문장 구조 분석

Seminar will take place~ = Seminar will be held~

관계부사 where ~ 이하의 절에서 미래시제이므로 미래시제가 쓰임.

---

10 Initially it _____ that the program would be completed in 4-5 years; however, it has been delayed considerably.

(A) expects   **(B) was expected**

(C) expected (D) has been expecting

▶해석

처음에 그 프로그램은 4-5년 안에 완성될 것으로 예상되었다; 하지만 그것은 상당히 지연되어왔다.

▶문장 구조 분석

프로그램은 스스로 예상하는 것이 아니라 예상되어지는 것이기 때문에 의미상 수동태가 적합하다. 원래 문장은 주어(somebody) 동사 (expect) 목적어 (it) + 목적격 보어(that~)의 5형식 문장이다. 목적어 it이 주어로 쓰인 수동태 문장이다. However~에서는 시제가 현재완료수동(has been delayed)이므로 주절의 시제는 과거가 되어야 한다.

ⓔ Sentence Building HW

1. 이 노래는 유명한 작곡가에 의해 쓰였다.

   The song is going to be written by a famous composer.

2. 그녀는 소년들에 의해 관심이 쏟아지는 것을 즐겼다.

   She enjoys being paid attention by the boys.

3. 그 집은 지금까지도 쓰인다.

   The house is being used until now.

4. 밤에는 많은 별이 보인다.

   Many stars can be seen at night.

5. 그의 아이디어는 많은 사람들에게 조롱 받았다.

   His idea was laughed at by many people.

6. 그는 안전모를 써야 한다는 것에 설득 당했다.

   He was convinced that he should wear a safety helmet.

7. 그가 옷을 세탁하는 것이 목격되었다.

   He was seen to wash his clothing.
   He was seen washing his clothing.

8. 그는 좋은 남자친구로 보인다.

   He appears a good boyfriend.

9. 그는 괴물이 되어 갔다.

   He becomes a monster.

10. 그의 아들에 의해 공이 던져졌다.

    A ball was thrown by his son.

Unit 5 Subjunctive Mood(가정법)
ⓒ Pattern Practice HW

1 I strongly recommend that this ___ your first step as you consider purchasing a new house.

(A) to be   (B) being

(C) been   **(D) be**

▶해석

네가 새로운 집을 구매하려고 고려하므로 이것이 너의 첫 번째 단계가 되는 것을 강력히 추천한다.

▶문장 구조 분석

주어 + recommend that 주어 + (should) + 동사원형

2 It would have been much better to ___ all the walls and the ceiling before assembly.

(A) have painted

(B) have been painted

(C) be painted

(D) be painting

▶해석

조립하기 전에 모든 벽과 천장을 칠하는 게 더 나을 것이다.

▶문장 구조 분석

would have p.p.는 가정법 과거완료 문장으로 과거사실의 반대를 나타낸다. to 부정사 + 목적어(all the walls and ~) 의미상 수동태는 맞지 않다. 시제는

과거 사실의 반대이므로 완료형으로 쓰였다.

3 ___ you accidentally delete important files and need them restored, please contact the system manager.

(A) That   **(B) Should**

(C) Before   (D) So

▶해석

네가 중요한 파일을 지우거나 그것들을 복구하기를 원한다면, 시스템 관리자에게 연락주세요.

▶문장 구조 분석

주절은 please ~로 시작하는 명령문이다. 그러므로 괄호로 시작하는 문장은 종속절이 되어야 한다. 의미상 if가 가장 어울리지만 should가 문장 맨 앞에 나와 조건을 이끄는 접속사로 쓰인 경우이다.

4 If you ___ any of the following side effects, stop taking the medicine and contact your doctor immediately.

(A) had experienced

(B) experience

(C) experiences

(D) have been experienced

▶해석

만약 다음과 같은 부작용을 경험한다면, 약 복용을 중단하시고 주치의에게 즉시 연락하시기 바랍니다.

▶문장 구조 분석

주절은 stop ~으로 시작하는 명령문이다. if 이하

절은 종속절이다. 의미상 '만약 ~한다면'이라는 의미이므로 조건을 나타내는 가정법 현재가 적합하다. 가정법 현재는 If + 주어 + 동사원형 ~으로 구성된다.

조건절에서 (C)와 (D)가 정답이 될 수 없는 이유는 (C)는 3인칭 동사로서 답이 될 수 없고, (D)는 have been p.p.인 수동태 형태로서 의미상 적합하지 않다.

---

5 As soon as we have official performance standards for Project X, we ___ let everyone know.

(A) had   (B) have been
(C) will   (D) would be

▶**해석**

프로젝트 X에 대한 공식적인 공연 기준을 갖추자마자 우리는 모두에게 알게 할 것이다.

▶**문장 구조 분석**

As soon as는 시간을 나타내는 접속사로 when이나 if와 같은 용법으로 쓰일 수 있다. '~하는 대로'의 의미를 가지며 조건을 나타내는 가정법 현재로 쓰였다.

---

6 Once you ___ a selection of place, click on the button "Submit" below or above the picture, to obtain the information available.

(A) makes   (B) will make
(C) made   (D) have made

▶**해석**

일단 네가 장소를 선택했다면, 그림 아래 또는 위쪽에 "제출하기" 버튼을 클릭하여 사용 가능한 정보를 얻으십시오.

▶**문장 구조 분석**

주절은 click~으로 시작하는 명령문이다. Once는 "일단 ~ 하면"이라는 의미를 가진 시간을 나타내는 접속사이다. 의미상 주절의 시제(click)보다 한발 앞선 시제를 쓴다. 그러므로 과거형이 적합하다.

---

7 If Alisa had not given me information, I ___ never have encouraged Mia to seek the advice of an attorney.

(A) can   **(B) would**
(C) must   (D) need

▶**해석**

알리사가 나에게 정보를 주지 않았더라면, 나는 미아에게 변호사의 조언을 구하도록 절대로 권유하지 못했을 거야.

▶**문장 구조 분석**

If + 주어 + had + p.p., 주어 + would + have + p.p. 구조를 가진 가정법 과거완료 문장이다. 부정어 not의 위치는 had + 부정어 + p.p. 로 쓴다.

---

8 If the market mechanisms already in place had functioned effectively, those companies would ___.

(A) eliminate
(B) be eliminating
(C) have been eliminated

(D) had been eliminated

▶해석

이미 자리 잡은 시장 메커니즘이 효과적으로 기능했다면, 그 회사들은 없어져 버렸을 것입니다.

▶문장 구조 분석

If + 주어 + had +p.p., 주어 + would + have + p.p. 구조를 가진 가정법 과거완료 문장이다. '회사들은 제거를 당하다'이므로 의미상 수동태(be + p.p.)가 적합하다.

---

9 If the printer had been damaged during shipment, the company ____ to send Mr. Kim a replacement.

(A) would have offered

(B) has offered

(C) is being offered

(D) would have been offered

▶해석

만약 프린터가 배송 중에 파손되었다면, 회사는 김씨에게 대체품을 보내 주겠다고 제안했었을 것이다.

▶문장 구조 분석

If + 주어 + had been p.p., 주어 + would have p.p. to ~ 가정법 과거완료 문장이다. 일반적으로는 had+ p.p.가 쓰이는데 이 문장에서는 수동의 의미가 있으므로 had been p.p. 형태로 쓰였다.

---

10 If its proposal ___ more detailed, Grand Manufacturing might now be our only supplier of steel parts.

(A) has been   **(B) had been**

(C) was being   (D) were being

▶해석

그 제안서가 더 자세했더라면, 그랜드 메뉴팩처링 회사는 지금쯤 우리 철강부품의 유일한 공급업체가 되었을지도 모른다.

▶문장 구조 분석

If + 주어 + had + p.p., 주어 + might + 동사원형 + now. 혼합가정 문장이다. 주절은 가정법과거가 쓰이고 종속절은 가정법 과거완료 문장으로 과거에 못한 사실을 지금 시점에 와서 후회하는 것을 나타낸다. now의 위치가 조동사와 동사 사이에 위치한 경우이다.

Ⓔ Sentence Building HW

1. 해는 매일 아침 뜬다.
   Sun rises every morning.

2. 만약 비가 온다면 난 집에 있을 거야.
   If it rains, I will stay at home.

3. 만약 내가 배우가 된다면 난 대스타가 될 거야.
   If I should be an actor, I would be a big star.

4. 내가 슈퍼맨이라면 날 수 있을 텐데.
   If I were Superman, I could fly.

5. 내가 만약 영어 공부를 열심히 했더라면 시험에 떨어질까 봐 걱정할 필요가 없었을 텐데.
   If I had studied English hard, I wouldn't have worried about failing the exam.

6. 내가 만약 운동을 열심히 했었더라면 살이 찔까봐 걱정할 필요가 없었을 텐데.
   If I had exercised hard, I wouldn't have worried about gaining weight.

7. 내가 만약 인턴쉽 프로그램을 갔었더라면 지금쯤 영어를 능숙히 잘할 텐데.
   If I had gone an internship program, I would be fluent in English now.

8. 내가 만약 그 제안을 받아들였더라면 지금쯤 부자일 텐데.
   If I had accepted the proposal, I would be rich now.

9. 내가 만약 기타를 계속 연주했었더라면 유명한 음악가가 되어있었을 텐데.
   If I had continued to paly guitar, I would have been a famous musician.

10. 내가 그 충고를 들었더라면 경쟁에서 이길 수 있었을 텐데.
    If I had listened to the advise, I would have won the competition.

11. 난 내가 피아노 잘하기를 소망해.
    I wish I could play the piano very well.

12. 샌프란시스코에 가 보았으면 좋았을 텐데.
    I wish we had been to San francisco.

13. 그는 언제나 마치 그가 모든 것을 하는 것처럼 말한다.
    He always talks as if he did everything.

14. 마치 그가 건강했던 것처럼 보인다.
    He looks as if he had been very healthy.

15. 코로나19가 아니라면 난 학교에 갈 수 있을 텐데.
    If it were not for Corona 19, I could go to the school.

16. 만약 그가 결혼식에 일찍 도착했었더라면 그녀는 다른 남자와 결혼하지 않았을 텐데.
    If the man had arrived at the wedding earlier, the woman would not have married another man.

17. 그녀의 재정적 지원이 없었더라면 난 의사가 되지 못했을 텐데.
    If it had not been for her financial support, I couldn't have been a doctor.

18. 내가 피아노를 그만두지 않았었기를 소망한다. (I wish)
    I wish I hadn't stopped playing the piano.

19. 남쪽으로 이사 간 것을 후회하지 않아.
    I don't regret moving to south.

20. 필리핀에서 하는 여름 인턴쉽 프로그램 가지 않은 것을 후회해.
    I regret not going to Summer Internship Program in the Philippines.

Unit 6 Comparative & Superlative (비교급 & 최상급)

ⓒ Pattern Practice HW

---

1 Anderson Smith who was appointed to teach mathematics and science was the ＿＿ qualified to teach the latter.

(A) better　　(B) much
(C) far　　　　(D) well

▶해석

앤더슨 스미스씨는 수학과 과학을 가르치기 위해 임명되었는데, 후자(과학)를 가르치는 것에 더 적격이다.

▶문장 구조 분석

주어(Anderson Smith who ~) + 동사(was) + the better + 형용사(qualified) 구조의 2형식 문장이다. the better는 형용사 앞에 쓰여 '훨씬 더'라는 의미로 쓰인다. the latter는 후자인데 이 문장에서 수학과 과학이 언급되었으므로 후자는 과학 과목을 일컫는다.

appoint 임명하다
the latter 후자

---

2 The more satisfaction the customers get, the ＿＿ it is for the company.

(A) good　　　**(B) better**
(C) best　　　(D) well

▶해석

고객들이 더 많은 만족을 얻을수록 그것은 회사를 위해 더 좋다.

▶문장 구조 분석

the 비교급, the 비교급 형식으로 '~하면 할수록 더 ...하다' 의미이다.

'the 비교급'구문은 일종의 도치 구조라고 볼 수 있다. 원래 문장은 As the customers get more satisfaction, it is better for the company 이다.

---

3 Between the two candidates, Ms. Kim is thought to be the better ＿＿ considering her expertise in data processing.

(A) qualification　**(B) qualified**
(C) qualifiedly　　(D) qualifying

▶해석

두 명의 지원자들 중에 데이터 처리에 대한 그녀의 전문성을 고려할 때, 김씨가 더 자격을 갖춘 것으로 여겨진다.

▶문장 구조 분석

주어(Ms. Kim) + 동사(is thought to be) + the better + 형용사 구조의 2형식 문장이다. the better는 형용사 앞에 쓰여 강조의 의미를 갖는다.

considering~은 현재분사로 '~을 고려할 때' 라는 의미이다.

candidate 지원자
expertise 전문 기술
data processing 데이터 처리

---

4 The overlook situated along the old stone seawall provides the most ＿＿ view.

(A) outward　　(B) long
(C) dramatic　(D) deep

유구한 해안 석벽을 따라 놓인 전경은 가장 드라마틱한 광경을 제공한다.

▶문장 구조 분석

주어(the overlook situated~) + 동사(provides) + 목적어(the view) 구조의 3형식 문장이다. 목적어인 명사 view 앞에 형용사가 쓰일 수 있고 최상급이 쓰였다.

overlook 전경, 경치
situated along ~을 따라 놓여 있는
outward 외관상의
old stone seawall 유구한 석벽

---

5 Everyone in a business environment knows that ____ is more valuable than personal contacts.

(A) something   (B) everything
(C) nothing   (D) anything

▶해석

비즈니스 환경에 있는 그 누구도 인간적인 교류보다 더 귀중한 것은 없다는 것을 알고 있다.

▶문장 구조 분석

nothing is more A than B 표현은 'B보다 더 A한 것은 없다'라는 의미의 비교급 구문이다.
personal contact 인간적인(개인적인) 교류

---

6 In this country, Europeans were the _____ largest group among the older foreign-born population in 2020.

(A) alone   **(B) single**

(C) secluded   (D) separate

▶해석

이 나라에서는 유럽인들이 2010년에 외국 출생 성인 인구들 중에서 단일 규모로는 최대의 집단이었다.

▶문장 구조 분석

주어(Europeans) + 동사(were) + 보어(the group) 구조의 2형식 문장이다.
The single largest 단일 최대의
foreign-born 외국 태생의
secluded 격리된, 은퇴한

---

7 All the staff of West Tech objected in the _____ possible terms to the development plan proposed by their local government.

(A) largest   **(B) strongest**
(C) tallest   (D) biggest

▶해석

웨스트테크의 모든 직원들은 그들의 지역 정부에 의해 제안된 개발 계획에 대해 가장 강력한 어조로 반대했다.

▶문장 구조 분석

주어(all the staff~) + 동사(objected) + 부사구(in the ~) + 목적어(he development plan proposed~) 구조의 3형식 문장이다. 이 문장에서 terms는 '용어'라는 의미로 쓰였다. in the strong terms는 '가장 강력한 말로'라는 의미이다. 여기에 possible이 명사 앞에서 수식하여 '가능한 가장 강력한 말로'라는 의미가 된다. proposed by ' ~에 의해 제안된'이란 의미의 분사로 쓰였다.

8 Jiangsu Province has emerged as the country's ____ largest exporter in 2020 after Guangdong Province in south China.

(A) two   (B) double

(C) twice   **(D) second**

▶해석

장수 지역은 2010년에 남부 중국의 광동 지역 다음으로 중국의 두 번째로 큰 수출 지역으로서 부상했다.

▶문장 구조 분석

주어(Jiangsu Province) + 동사(has emerged) + 자격을 나타내는 전치사(as ~) 구조의 1형식 문장이다. the + 서수 + 최상급은 '몇 번째로 가장 ~한' 이란 의미를 갖는데 The second largest는 '두 번째로 큰' 이란 의미이다.

province 지역

emerge 떠오르다, 부상하다

---

9 Signed contracts should be returned by the 24th of the month at the ____ to ensure payment on the 27th.

(A) late   (B) l ater

(C) latest   (D) latter

▶해석

서명된 계약서가 27일의 입금을 보장하기 위해 아무리 늦어도 이달 24일까지는 되돌아와야 한다.

▶문장 구조 분석

주어(signed contracts) + 동사(should be returned) + 전치사(by)~ + 부사구(to 부정사)

by는 기간을 나타내는 전치사로 쓰였다. at the latest는 '늦어도'라는 의미를 갖는 관용어구이다.

ensure 보장하다

---

10 Gateway Airlines is using ____ of its single-engine planes now than ever before.

(A) few   **(B) fewer**

(C) fewest   (D) anything

▶해석

현재 게이트웨이 항공사는 그 어느 때보다 단발 항공기를 더 적게 활용하고 있다.

▶문장 구조 분석

주어(Gateway Airlines) + 동사(is using) fewer ~ than~ 구조의 3형식 문장이다. 동사는 현재진행형을 썼고 fewer ~ than은 '~보다 적은'이라는 의미를 가진 비교급 구문이다. ever before는 '그 어느 때보다'라는 의미를 갖는다.

Ⓔ Sentence Building HW

1. 영어는 러시아어보다 어렵지 않다.

   English is not as difficult as Russian.

2. 서울 타워는 이 건물의 2배 높다.

   Seoul Tower is twice as high as this building.

3. 영화는 젊은 사람들에게 연극보다 훨씬 더 인기가 좋다.

   A movie is a lot more popular to young people than a play.

4. 그녀가 더 열심히 연습할수록 그녀의 꿈

은 더 빨린 실현된다.

The harder she practices, the sooner her dream will come true.

5. 그 가수는 갈수록 더 유명해졌다.

The singer became more and more famous.

6. 63타워는 롯데 타워보다 더 높다.

63 Tower is less high than Lotte Tower

7. 아이슈타인은 가장 위대한 과학자 중의 한 명이다.

Einstein is the one of the greatest scientists.

8. 존은 그의 학급에서 어느 소년보다도 키가 크다.

John is taller than any other boy in his class.

9. 세종대왕은 한국 역사상 단연코 최고의 왕이다.

King Sejong is the by far the greatest king in Korean history.

10. 마지막 잎새는 내가 지금까지 읽어본 것 중에서 가장 슬픈 이야기이다.

Last leaf is the saddest story I've ever read.

Unit 7 Relative Pronoun & Relative Adverb (관계대명사 & 관계부사)

ⓒ Pattern Practice HW

1 If you know of other energy or science projects that ___ on the Internet, please let us know by e-mail.

(A) has   (B) have

(C) are   (D) is

▶해석

네가 만약 인터넷에 있는 다른 에너지나 과학 프로젝트를 안다면 이메일로 우리에게 알려주세요.

▶문장 구조 분석

주절은 명령문이고 종속절은 조건을 나타내는 가정법 현재이다.

If + 주어 + 동사원형 + 목적어, 명령문으로 이루어진 구조다.

선행사(the projects) + that(주격 관계대명사)+ 동사 구조이므로 빈칸에 be동사가 적합하다. 선행사가 복수이므로 are를 쓴다.

2 For students who wish to experience life in a foreign country, the General English Course would be an excellent choice.

(A) whose   (B) which

(C) those   (D) whom

▶해석

외국에서 인생을 경험하기를 원하는 학생들에게

교양영어 과목은 **훌륭한** 선택이다.

▶**문장 구조 분석**

those who~ ' ~하는 사람들'이라는 관계대명사 구이다. 주절은 주어(the General English Course) + 동사(would be) + 보어(an excellent choice) 구조의 2형식 문장이다. 앞 문장은 전치사 for가 이끄는 부사절이다.

---

3 The key aim of our marine campaign is to push government to improve the way in which our seas _____ .

(A) manages   (B) is managing
(C) are managed   (D) managers

▶**해석**

우리 해양 캠페인의 주목적은 우리의 바다를 운영하는 방식을 향상시키도록 정부에 압력을 넣는 일이다.

▶**문장 구조 분석**

주어(the key aim of~) + 동사(is to push) + 목적어 (government) + 부사구(to 부정사) 구조의 3형식 문장이다. the way in which~는 the way how~와 같은 표현으로 '~하는 방식'이라는 의미가 된다.

the way in which 주어 + 동사 관계대명사절인데 의미상 바다는 정부에 의해 manage되어지므로 수동태가 적합하다.

---

4 They need to know ___ competitors are doing and to be open for many kinds of changes.

(A) that   **(B) what**

(C) which   (D) whether

▶**해석**

그들은 경쟁자들이 무엇을 하고 있는지 알아야 하고 많은 종류의 변화를 위해 개방될 필요가 있습니다.

▶**문장 구조 분석**

know는 반드시 목적어를 필요로 하는 타동사이다. 주어(they) + 동사(need to know) + 목적어 3형식 문장이다. 그러나 목적어에 해당하는 선행사가 없으므로 선행사를 포함한 관계대명사 what이 적절하다. know what 주어(competitors) + 동사 (are doing) and (주어) + 동사(to be open) +전치사구 (for~) 구조다. 주어가 같으므로 생략하였다.

know the thing which ~
competitor 참가자, 경쟁자
need to know ~ and to be open
and 가 need to know 와 need to be를 연결

---

5 The general hospital in the town of Keywest has more than 100 doctors, most of ___ are women.

(A) those   (B) who
(C) whom   (D) them

▶**해석**

키웨스트 마을에 있는 종합병원에는 100명 이상의 의사가 있습니다. 그 의사들 중 대부분은 여성입니다.

▶**문장 구조 분석**

주어(the general hospital in ~) + 동사(has) + 목적어(more than 100 doctors), most of 관계대명사 are women.이라는 3형식 문장과 관계대명사가 오는

구조이다. 관계대명사절은 most of the doctors are women.으로 주격으로 쓰인 것을 알 수 있다. most of them~이 되면 종속절이 완전한 문장이 되므로 ,로 이어질 수 없다. 빈칸은 전치사 of의 목적어이므로 목적격 관계대명사를 써야 한다.

---

6 in the department should make sure that they were aware of the mission, the vision and the educational objectives.

(A) Everyone　　(B) Whoever
(C) Whomever　　(D) Whosever

▶해석

이 부서에 있는 사람 모두 그들이 임무, 비전 그리고 교육 목표들을 인지하고 있다는 것을 확실히 하는 게 좋습니다.

▶문장 구조 분석

주어(단수) + 동사(should make sure) + 목적어(that~) 구조의 3형식 문장이다. 그러므로 빈칸이 주어가 될 수 있는 것이 답이 된다. '누구라도'의 의미를 가진 whoever가 주어가 되면 종속절이 되므로 주절이 따로 존재해야 한다. Whoever + 동사, 주어 + 동사 의 구조를 가진다.

be aware of ~을 인지하다
educational objectives 교육적인 목표

---

7 _____ difficult it may be to accomplish, changes can be implemented successfully when directed by a strong and knowledgeable leader.

(A) Whenever　　**(B) However**
(C) Whatever　　(D) Wherever

▶해석

이것이 달성하기 아무리 어렵다고 할지라도, 강력하고 지식이 풍부한 리더의 지시에 따를 때 변화가 성공적으로 구현 될 수 있습니다.

▶문장 구조 분석

how + 형용사 + 주어 + 동사, 주어 + 동사 구조의 문장이다.

when directed by~는 분사구문이다. 원래 문장은 when (it is) directed by ~이다.

implement 시행하다.

---

8 You are responsible to contact me for missed work _____ you stay away from class for any reasons.

(A) whenever　　(B) whosever
(C) whatever　　(D) wherever

▶해석

어떠한 이유로든 네가 반에서 멀리 떨어져 있을 때마다 너는 놓친 일에 대해서 나에게 연락할 책임이 있습니다.

▶문장 구조 분석

You are responsible ~ whenever 주어 + 동사 구조의 문장이다.

---

9 You will find _____ you are looking for in an online costumes store and you can have it delivered to your door.

(A) whenever　　(B) wherever
(C) however　　**(D) whatever**

네가 찾고 있는 게 무엇이든 간에 온라인 의상실에서 찾게 될 거고 너는 그것을 집 앞까지 배달시킬 수 있을 거야.

▶문장 구조 분석

and 등위 접속사로 이어진 2개의 문장이다. 첫 번째 문장은 You will find(whatever 주어 + 동사) in ~ 구조의 3형식 문장이다. 두 번째 문장은 you + have + 목적어 + p.p.의 5형식 사역동사 문장이다.

look for ~을 찾다.

---

10 ___ course you take, you will develop the knowledge, skills and attitudes necessary to communicate with patients.

(A) However **(B) Whichever**

(C) What   (D) Which

▶해석

네가 어떤 과목을 듣든지 간에, 너는 환자와 의사 소통하는데 필요한 지식, 기술 태도들을 발전하게 될 거다.

▶문장 구조 분석

Whichever + 명사 + 주어 + 동사, 주어 + 동사 + 목적어 구조의 3형식 문장이다.

Ⓔ Sentence Building HW

1. 이 그림은 다빈치에 의해 그려진 그림이다.
   This is the picture painted by Davinci.

2, 내가 지난달에 산 컴퓨터는 우수하다.
   The computer which(that) I bought last month is excellent.

3. 이 집은 우리 가족이 사는 집이다.
   This the house in which our family lives.

4. 나는 문이 두 개뿐인 차를 좋아한다.
   I like the car of which the doors are only two.

5. 내가 원하는 것은 올해에 학교를 졸업하는 것이다.
   What I want is to graduate the school this year.

6. 나는 우리가 처음 만난 날을 잊지 못할 것이다.
   I will never forget the day when we first met.

7. 나는 그가 어떻게 진실을 알아냈는지 그 방법에 놀랐다.
   I was surprised how he found out the truth.

8. 우리 가족은 처음으로 여행을 갔다. 거기서 나는 행복함을 느꼈다.
   My family went to the trip fir the first time, where I felt happy.

9. 아이들이 원한다고 아무것이나 주지 마라.
   Don't give your kids whatever they want.

10. 어떤 것을 고르더라도 너는 좋아할 거야.
    Whichever you may choose, you will like it.

Unit 8 to-Infinitives & Gerund (to 부정사 & 동명사)

ⓒ Patter Practice HW

---

1 When planning a series of lessons on ____ a web site, various element will fit into different parts of the curriculum.

(A) creating   (B) creation

(C) creative   (D) created

▶해석

웹 사이트 작성에 대한 일련의 학습을 계획할 때, 많은 요소들은 그 교육 과정의 다른 부분들에 맞춰야 할 것이다.

▶문장 구조 분석

When planning ~은 분사구문으로 When you plan과 같은 뜻이다.

전치사 on 뒤에 동명사나 명사가 와야 한다. creation이 오면 a web site도 명사이므로 둘을 연결하는 of가 와야 한다.

plan on ~ing (~할) 예정이다. 계획이다.

---

2 Parents need to care in ____ this program and are cautioned against leaving children under the age of 14 unattended.

(A) monitoring

(B) monitored

(C) was monitoring

(D) had monitored

▶해석

부모는 이 프로그램을 모니터 하는 데 주의를 기

울일 필요가 있고,14세 이하의 어린이를 홀로 내버려두지 말도록 주의가 요구된다.

▶문장 구조 분석

주어(parents) + 동사(need to care) + in(전치사) + ~ing 구조의 문장이다.

전치사 뒤에는 동명사나 명사가 와야 한다. and (주어 생략 parents) are cautioned against~ 문장으로 등위 접속사 and 뒤에 앞 문장과 주어가 같으므로 주어가 생략되었다. against는 전치사로 동명사나 명사가 뒤따른다.

leave a child unattended 아이를 동석하지 않은 채로 두다.

---

3 The dealer must obtain written permission from the consumer before ____ a consumer report.

(A) will obtain   (B) obtained

(C) obtaining   (D) to obtain

▶해석

판매자는 소비자 보고서를 얻기 전에 소비자로부터 서면 동의서를 얻어야 한다.

▶문장 구조 분석

before~는 분사구문으로 원래 문장은 before the dealer obtain~이다. 앞 문장에서 주어를 알 수 있으므로 생략했고 접속사가 의미를 가지므로 남겨두었다.

---

4 Manufacturers will provide some adequate advance notices should they choose to discontinue ____ a specific vaccine.

(A) to produce   **(B) producing**
(C) produce   (D) produced

▶**해석**

제조업자들은 특정 백신을 생산하는 것을 중단하기로 선택한다면, 적절한 사전 통지를 제공할 것이다.

▶**문장 구조 분석**

주어(manufacturers) + 동사(will provide) + 목적어 (some adequate advance notices) + should(if) 주어 + 동사 구조이다.

should 는 if와 마찬가지로 조건절을 이끈다.

discontinue + ~ing만 가능

continue + to 부정사 어떤 일을 할 것을 계속하다.

continue + ~ing 하던 일을 계속하다 (의미상 차이는 없지만 뉘앙스 차이)

---

5 I suspect that ___ us of this fact has little to do with an impulse to protect his reputation.

(A) you remind   (B) you reminded
(C) your reminding   (D) you are reminding

▶**해석**

난 네가 우리에게 이 사실을 각인시키는 게 그의 명성을 지키려는 욕망과 관계가 별로 없다는 것을 의심한다.

▶**문장 구조 분석**

I suspect that 주어 + has little to do with~ 구조이다.

'___ us of this fact'가 주어로 쓰이려면 동명사 형태가 되어야 한다. remind A of B 의미상으로는

you remind A of B 인데 동명사의 의미상의 주어는 소유격을 쓰기 때문에 your reminding ~ 으로 쓴다.

impulse 충동, 자극, 욕망

---

6 China is considering ___ a nonprofit mechanism into its public institutions which were traditionally funded by the government.

(A) to introduce   **(B) introducing**
(C) introduce   (D) introduced

▶**해석**

중국은 전통적으로 정부로부터 자금을 지원받던 공공기관에 비영리 메커니즘을 도입하는 것을 고려하고 있다.

▶**문장 구조 분석**

consider + ing ~을 고려하다

---

7 There are many glues for the ___ of furniture: some will adhere on contact without pressure.

(A) repair   (B) repairing
(C) repairability   (D) repaired

▶**해석**

가구 수리를 위한 많은 접착제가 있는데 어떤 것들은 압력 없이도 붙어 있을 수 있다.

▶**문장 구조 분석**

for the 명사 of

8 There may be temporary changes in lung function after the ___ of some harmless gases.

(A) inhale   **(B) inhalation**
(C) inhaling   (D) inhaled

▶해석

폐 기능에 무해한 가스의 흡입 후에 일시적인 변화가 있을 것이다.

▶문장 구조 분석

There are changes in ~ after the 명사 of ~
inhalation 흡입
the 명사 of

---

9 The company should have ensured that they obtained his written ___ that he still wished to proceed.

(A) confirm   (B) confirmed
(C) confirming   **(D) confirmation**

▶해석

회사는 그가 여전히 진행하기를 희망하는 그의 서면 확인서를 받아야 하는 것을 확실히 했었어야 한다.

▶문장 구조 분석

주어 + should have ensured that + 주어 + obtained + 목적어(his written ~) 빈칸은 obtain 의 목적어로 써야 하므로 명사가 온다.
should have + p.p.로 가정법 과거완료가 쓰였다.

---

10 An exercise program for the ___ of stroke is similar to that recommended for preventing coronary heart disease.

(A) preventing   (B) to prevent
(C) preventable   **(D) prevention**

▶해석

뇌졸중에 대한 운동 프로그램은 관상동맥 심장병 예방에 권장되는 것과 유사하다.

▶문장 구조 분석

for + the + 명사 + of ~ 구조이다.
A be similar to B '~와 유사하다'라는 관용구이다.
주어 + is similar to that ~ 문장으로 여기서 that 은 관계대명사가 아닌 the program을 받는 지시대명사로 쓰였다. 왜냐하면 주어인 A와 동등한 자격을 가지려면 명사이어야 하기 때문이다.
recommended ~ 분사로 쓰였다.

ⓔ Sentence Building HW

1. 나의 꿈은 배우가 되는 것이다.
   My dream is to be an actor.

2. 뷔페에는 먹을 맛있는 음식이 많이 있다.
   There are many delicious dishes to eat at the buffet

3. 그는 그의 아들이 이사로 승진 했다는 소식을 듣고 기뻤다.
   He was happy to hear the news that his son is promoted to executive director.

4. 네가 부상당한 군인들을 돕다니 정말 친절하구나.
   It is kind of you to help the injured

soldiers.

5. 그는 너무 어려서 인생의 의미를 이해할
수 없었다.

He was too young to understand the
meaning of life.

6. 그 남자는 그녀에게 줄에서 기다리라고
말했다.

The man told her to wait in a line.

7. 산책하는 것이 나의 취미이다.

Taking a walk is my hobby.

8. 그의 취미는 동전 수집이다.

His hobby is collecting coins.

9. 야구하는 것을 좋아하니?

Do you like playing baseball?
= Do you like to play baseball?

10. 나의 어머니는 내가 시험을 통과한 것을
감사하게 여기셨다.

My mother appreciated me for passing
the exam.

Unit 9 Participle(분사)
ⓒ Pattern Practice HW

1 The ____ officer of the board shall
endeavor to allot equal time to persons
having opposing views on a subject.

(A) preside   **(B) presiding**
(C) presided   (D) presides

▶해석

이사회를 주재하는 장교는 그 주제에 대해 반대
의견을 가진 사람들에게도 공평한 시간을 할당하
는 노력을 해야 할 것이다.

▶문장 구조 분석

주어(the ___ officer of ~) + 동사(shall endeavor to
allot) + 목적어(equal time) + 전치사(to) persons ~
구조의 3형식 문장이다.

the ___ officer of ~가 주어로 쓰이기 위해서는
빈칸은 officer 를 수식하는 형용사 역할을 해야 하
는데 동사가 형용사 역할을 하기 위해서는 분사가
되어야 한다. officer와 preside의 관계가 능동이므
로 현재분사가 쓰였다.

persons having ~ 부분은 '반대 견해를 가진 사람
들'이라는 뜻을 가진다. having ~ 이하가 persons를
수식한다. 동사가 형용사 역할을 하기 때문에 분사
형태로 수식한다. persons 와 have의 관계가 능동
이므로 현재분사를 쓴다.

preside 1. (회의, 의식 등을)주재하다 2. ~의 사회
를 보다

endeavor 1. 노력, 시도 2. 노력하다(strive), 분투
하다 3. 시도하다

allot 할당하다

2 Ms. Jung doesn't seem to understand the laws ___ national forest in the state of NC.

(A) governed   (B) govern
(C) governing   (D) governs

▶**해석**

정씨는 North Carolina 주의 국유림을 관장하는 법을 이해하지 못하는 듯하다.

▶**문장 구조 분석**

the laws ___ national forest ~ 구문은 빈칸 이하가 laws를 수식하므로 동사는 분사형태를 가져야 형용사 역할을 할 수 있다. law와 govern의 관계가 능동이므로 현재분사를 쓴다.

---

3 Every effort has been made to ensure that the information ___ in this Knowledge Guide is correct.

(A) had given   (B) giving
(C) was given   **(D) given**

▶**해석**

지식가이드 책자에 주어진 정보가 올바른 것을 확실히 하기 위해 모든 노력이 기울여졌다.

▶**문장 구조 분석**

the information ___ in this ~ '여기에서 주어진 정보'라는 의미로 give 동사가 information 명사를 수식하므로 분사형태가 되어야 한다. information은 누군가에 의해서 주어지는 것이므로 수동의 의미이니까 과거분사를 쓴다.

ensure ~을 확실히 하다

4 Should you encounter a problem in connecting with the ___ warranty, the following steps are suggested.

(A) limit   (B) limits
(C) limited   (D) limiting

▶**해석**

만약 네가 한정된 보증과 관련된 문제에 부딪친다면 다음의 단계들이 제안된다.

▶**문장 구조 분석**

Should가 문장 맨 앞에 나올 때는 조건절을 이끄는 if의 의미이다.

the ___ warranty, ~ '제한된 보증'이란 의미로 동사 limit가 명사 warranty를 수식하므로 분사가 쓰인다. 둘의 관계가 수동이므로 과거분사를 쓴다.

encounter 1. (달갑지 않은 일에) 맞닥뜨리다. 2. (뜻밖의 대상과) 접하다 3. (예상밖의 폭력적인) 만남

---

5 One worker ___ in Nicaragua, who wished to remain anonymous, divulged the secret of that sum of money.

(A) will remain   **(B) remaining**
(C) remain   (D) remained

▶**해석**

니카라과에 남아있는 익명으로 남기를 원하는 한 노동자는 그 돈의 비밀을 누설했다.

▶**문장 구조 분석**

remain 자동사이므로 수동형으로 쓸 수 없다.

분사의 수식을 받는 명사와 분사의 관계는 능동이다.

6 Be sure to review the issues ___ in most of the medical-ethical dilemmas that face our society from various points of view.

(A) are involved   (B) involving
(C) involvement   **(D) involved**

▶해석
다양한 시각에서 기인하는 우리 사회가 마주하는 대부분의 의료 윤리적 딜레마에 관련된 이슈를 반드시 비평해라.

▶문장 구조 분석
the issues ___ in~ '~에 관련된 이슈'라는 의미로 동사가 명사를 수식하므로 분사를 쓴다. 분사의 수식을 받는 명사와 동사의 관계가 수동이므로 과거분사를 쓴다.

7 Most people find Martin Luker's artworks ___ though many art critics disparage his work.

(A) fascinating   (B) fascinated
(C) fascinate   (D) fascination

▶해석
많은 비평가들이 그의 작품을 폄하했지만 대부분의 사람들은 Martin Luker의 예술 작품이 매력적이라고 여긴다.

▶문장 구조 분석
주어(most people) + 동사(find) + 목적어(Martin Luker's artworks) + 목적격 보어의 5형식 문장이다. 사물 다음에 감정동사가 나오면 둘의 관계는 능동이므로 현재분사를 쓴다. 사람 다음에 감정동사가 나오면 수동의 의미이므로 과거분사를 쓴다.

8 The release of the new product is quite ___ as it's the first recognizable brand name digital camera.

(A) excitement   **(B) exciting**
(C) excitedly   (D) excitable

▶해석
새 제품의 출시는 누구나 인식할 수 있는 브랜드의 디지털 카메라라는 점에서 꽤 흥미롭다.

▶문장 구조 분석
사물주어 다음에 감정동사가 나오면 현재완료(~ing)를 쓴다.

9 People are becoming ___ at their own government's failure to take a clear stand on the issues of regime change.

(A) disappointing
(B) disappointed
(C) disappointment
(D) to disappoint

▶해석
사람들은 정권 교체 문제에 대해 그들의 정부가 분명한 입장을 취하지 않은 것에 대해 실망하고 있다.

▶문장 구조 분석
are becoming은 현재진행형으로 쓰였다. 사람주어 다음에 감정동사가 나오면 p.p.형을 쓴다.

10 Instead of consuming substantially more electricity than it produces, the state will be ___ a large surplus.

(A) generate   **(B) generating**
(C) to generate   (D) generated

▶해석

　생산되는 전력보다 더 많은 전기를 소비하는 대신에, 국가는 대규모의 흑자를 발생시킬 것이다.

▶문장 구조 분석

　(D)는 의미상 수동태가 될 수 없고 be동사 다음에 원형동사나 to 부정사는 문법상 적합하지 않다. 의미상 will be + ~ing 미래진행형이 가장 적합하다.

ⓔ Sentence Building HW

1. 자고 있는 아이는 내 딸이다.
   sleeping baby is my daughter.

2. 삶은 달걀 5개가 테이블 위에 있다.
   Five boiled eggs were on the table.

3. 음악을 들으면서 동시에 그녀는 시험공부를 했다.
   Listening to music, she studied for the exam.

4. 영어를 모르기 때문에 그녀는 미국에 갈 수 없었다.
   Not knowing English, she could not go to America.

5. 의자가 없었기 때문에 나는 지하철에서 서 있어야 했다.
   There being no seat, I had to stand in the subway.

6. 나의 경험으로 미루어 보아 그는 성공할 수 없을 거야.
   Judging from my experience, he won't be able to success.

7. 엄격히 말하면 그녀는 이 동호회에 더 이상 소속해 있지 않아.
   Strictly speaking, she doesn't belong to this club any more.

8. 나는 그 야구 경기에 지루함을 느꼈다.
   I am bored of the baseball game.

9. 전에 눈을 본 적이 없기 때문에 그 관광객은 기뻐서 소리 질렀다.
   Not having seen snow before, the tourists were exclaimed.

10. 제인은 팔장을 낀 채로 음악을 듣고 있었다.
    Jane was listening to music with her arms folded.

© Pattern Practice HW

1 The government has been preparing international standards for _____ management aimed at setting globally accepted rules.

(A) safe   (B) safely
(C) safer   **(D) safety**

▶해석

정부는 국제적으로 받아들여지는 규칙을 만드는 것을 목표로 안전관리에 관한 국제 기준을 마련하고 있다.

▶문장 구조 분석

for + 명사(___ management) + 분사(aimed) + 전치사(at) + 동명사 구조이다. 빈칸에 명사형이 와야 하고 의미상 safety가 적합하다.

2 An insurance policy information card must be carried in ___vehicle licensed in New York State.

(A) all   (B) some
(C) every   (D)most of

▶해석

보험증은 뉴욕주에서 번호판이 발행된 모든 차량에 반드시 가지고 다녀야 한다.

▶문장 구조 분석

___vehicle licensed ~ 번호판이 발행된 차량이

라는 의미의 분사가 쓰였다. vehicle과 licensed 관계가 수동이므로 과거 분사가 쓰였다. all이 답이면 all vehicles 복수로 써야 한다.

3 We figured we should have ___ time to go to the hotel for a late check in.

(A) enough   (B) plenty
(C) any   (D)many

▶해석

늦은 체크인을 위해 우리는 충분한 시간을 가지고 호텔에 가야 함을 깨달았다.

▶문장 구조 분석

enough time to ~ 구조로 쓰였다. plenty를 답으로 하려면 plenty of time으로 써야 한다.

4 _____ damaged equipment resulting from misuse, accidents, unauthuorized service or other causes is excluded from this warranty.

(A) There is   (B) In case
(C) A   **(D) Any**

▶해석

잘못 사용한 것, 사고, 인정되지 않은 서비스 혹은 다른 원인으로 기인된 파손된 장비는 보증으로부터 제외된다.

▶문장 구조 분석

주어(_____ damaged equipment ~) + 동사(is excluded) from~ 구조의 수동태 문장이다. 주어가 되기 위해서는 단수 명사가 되어야 하므로 any만

가능하다.

resulting from~ 현재분사로 쓰였다.

There is가 답이 되면 동사가 2개가 되므로 적절하지 않다.

in case가 오면 주절이 따로 있어야 가능하다.

equipment는 불가산명사이므로 부정관사 a를 쓸 수 없다.

---

5 Please use the printers on the third floor for high-volume print jobs while ____ on the fifth floor are being repaired.

(A)t his   (B) either
(C) the other   **(D) the ones**

▶해석

5층 프린트들이 수리되는 동안 대량 인쇄 작업은 3층 프린터들을 사용하시기 바랍니다.

▶문장 구조 분석

접속사(while) + 주어(the printers on the fifth floor) + 동사(are being repaired) 구조이다. the ones는 주어인 the printers를 대신 받는 대명사로 쓰였다.

---

6 After the tremendous success of her first restaurant, Vivian Frank decided to open ____.

(A) another   (B) every
(C) other   (D) anyone

▶해석

첫 식당이 크게 성공한 후, 비비안 프랭크는 식당을 하나 더 열기로 결정했다.

▶문장 구조 분석

her first restaurant을 one으로 쓸 수 있고 또 다른 식당은 another로 받을 수 있다. one ~ another의 표현

---

7 Staff members should work in pairs during the training workshop to help ____ master the procedure for handling customer service inquiries.

(A) one such   **(B) each other**
(C) yourself   (D) everyting

▶해석

직원들은 연수 기간 동안 둘씩 짝을 지어 일하면서 고객 서비스 문의 사항들을 처리하는 과정을 완벽히 익힐 수 있도록 서로 도와야 한다.

▶문장 구조 분석

서로 서로의 의미를 가진 each other가 적합하다.

---

8 Before takeoff, flight attendants must ensure that ____ of the passengers is properly seated.

(A) every   (B) all
(C) each   (D) much

▶해석

이륙 전 승무원들은 반드시 각 승객이 제대로 착석했는지 확인해야 한다.

▶문장 구조 분석

each + 복수명사 + 단수 동사 로 쓰인다.

9 Unfortunately, ___ of the two venues has the capacity needed to host Taeyoung Technology's annual banquet.

(A) most　　　(B) several
(C) neither　(D) some

▶해석

유감스럽게도 두 장소 중 어떤 곳도 태영 테크놀로지의 연례 연회를 개최하는 데 필요한 좌석 수를 갖추지 못했다.

▶문장 구조 분석

neither of 복수 명사 + 단수 동사의 구조이다.

---

10 We could not order replacement parts for the packing machine, because the local suppliers have ___ in stock.

(A) any　　　**(B) none**
(C) finally　(D) mostly

▶해석

지역 공급업체에 재고가 없어서 포장기 교체 부품을 주문할 수 없었다.

▶문장 구조 분석

none 은 no one의 줄임말이다. 이때 one은 대명사로 쓰이고 replacement part를 뜻한다.

Ⓔ Sentence Building HW

1. 그는 가장 유명한 사람들 중의 하나이다.
   He is the one of the most famous ones.

2. 나는 형제가 둘 있다. 하나는 키가 크고 다른 하나는 키가 작다.
   I have two brothers. One is tall, and the other is short.

3. 나는 세 과목을 듣는다. 하나는 수학이고 다른 하나는 사회과목이고 나머지 하나는 과학이다.
   I am taking three classes. One is math, another is social studies, and the other is science.

4. 내 친구들 중 일부가 영국에 갔다. 그러나 나머지는 가지 않았다.
   Some of my friends went to England, but the others didn't.
   Some girls likes sports, and others don't.

5. 우리 각자는 투자에 관심이 있다.
   Each of us is interested in the investment.

6. 네가 장학금을 받는 것이 허락되기 위해서는 세 가지 모든 조건이 맞아야 한다.
   All three of these conditions must be met in order for you to be permitted to receive your scholarship.

7. 네가 시스템에서 요소들을 대체할 때 모든 안전 주의사항들을 따르는 것을 분명히 해라.
   Be sure to follow all safety precautions when you replace components in the system.

8. 보험 증명서는 뉴욕주에서 발행된 모든 차량에 항상 가지고 다녀야 한다.
   An insurance policy information card must be carried in every vehicle licensed in New York State.

9. 잘못 사용한 데서 기인한 장비의 손상은 이 워런티에서 제외된다.

Any damaged equipment resulting from misuse is excluded from this warranty.

10. 우리는 호텔에 갈 충분한 시간이 있다는 것을 깨닫게 되었다.

We figured we should have enough time to go to the hotel.

Unit 11 Tense & Speech(시제 & 화법)
ⓒ Pattern Practice HW

1 The features which can attract customers ------- based on our strategic objectives.

(A) is   (B) being

(C) are   (D) has been

▶해석

고객들을 끌 수 있는 특성들은 우리의 전략적 목표들에 근거를 두고 있다.

▶문장 구조 분석

주어(the features which ~) 동사(be based) + on~ 수동태 문장이다. 의미상 '특징들은 ~에 근거를 두고 있다'가 적합하다. 주어 features가 복수이므로 복수명사를 받는 동사가 와야 한다.

선행사(the features) + 주격관계대명사(which) + 동사구(can attract) + 목적어(customers) 는 관계대명사절이다.

feature 특징, 특성

strategic objective 전략적 목표

2 What we have to discuss excluding incidental matters ------- the safety measures at the factory.

(A) is   (B) are

(C) have to   (D) have

▶해석

중요하지 않은 문제들을 제외하고 우리가 논의해야 하는 것은 공장에서의 안전조치들이다.

▶문장 구조 분석

주어(what we have to discuss ~) + 동사(_____) + 보어(the safety measures) 2형식 문장이다. What we have to discuss~는 이 문장의 주어로 쓰인 선행사를 포함한 관계대명사절이다.

excluding ~을 제외하고
incidental matter 중요하지 않은 문제
safety measures 안전조치

---

3 Our company which _____ established by Peter has been leading the electronics industry ever since.

(A) have   (B) ha

(C) were   **(D) was**

▶해석

피터에 의해서 설립된 우리 회사는 설립된 이래로 전자 분야에서 선도해오고 있다.

▶문장 구조 분석

선행사(our company) + 주격관계대명사(which) + 동사구(--- established) + by 사람 구조의 관계대명사절이다. '~에 의해서 설립된 회사'라는 의미로 수동태가 적합하다. 주절의 동사가 has been이므로 과거형 수동태가 적합하다.

establish 설립하다
lead 선도하다, 이끌다

---

4 By the time he retires from his job next month, he _____ for 25 years for the community center.

(A) worked   (B) have worked

(C) will have worked (D) will work

▶해석

그가 다음 달에 자신의 일자리에서 사임할 즈음이면 그는 그 지역 센터를 위해서 25년 동안 일하게 되는 것이다.

▶문장 구조 분석

by the time은 시간을 나타내는 접속사이고 종속절에 next month라는 미래시제가 쓰였으므로 주절에서는 미래 또는 미래완료가 적합하다. 의미상 '25년 동안'이라는 뜻이 있으므로 미래완료시제가 적합하다. 미래완료시제는 will + have + p.p. 구조이다.

community center 지역 센터

---

5 Please be reminded that if consumers _____ for your help, you should treat them with courtesy.

(A) ask   (B) have asked

(C) will ask   (D) was asked

▶해석

만약에 소비자들이 당신의 도움을 요청하면 당신은 반드시 그들을 정중하게 대해야 한다는 것을 상기하시기 바랍니다.

▶문장 구조 분석

Please be reminded that~ ' ~라는 사실을 명심하세요'라는 의미로 remind 동사가 수동태 명령문으로 쓰인 경우다. if + 주어 + 동사원형, 주어 + should + 동사원형 구조의 조건을 나타내는 가정법 현재 문장이다.

with courtesy 정중하게

6 When Janice Corp. _____ its marketing division, it laid off more than 20 percent of its employees.

(A) was restructured
(B) restructures
(C) was restructuring
(D) to restructure

▶해석

재니스 사가 마케팅 부문을 구조조정을 하고 있을 때 그 회사는 자사 직원의 20퍼센트가 넘는 인원을 해고했다.

▶문장 구조 분석

주어 + 동사 + 목적어의 3형식 문장이다. 의미상 수동태는 맞지 않고 주절의 동사가 laid off 과거형이기 때문에 과거진행형이 적합하다.
    restructure 구조조정하다, 개편하다
    lay off 해고하다

7 The electronics company has _____ unified its unprofitable plants with the plant in the Hudson Valley.

(A) soon   (B) then
(C) recently (D) once

▶해석

그 전자 회사는 허드슨 밸리에 있는 공장과 그 회사의 이익이 나지 않는 공장들을 최근에 통합했다.

▶문장 구조 분석

주어(the electronics company) +동사구(has ------ unified) + 목적어(its unprofitable plants) 구조의 3형

식 문장이다. 동사는 현재 완료가 쓰였고 의미상 최근이라는 부사가 가장 적합하다.
    unify A with B A와 B를 통합[단일화]하다
    unprofitable 이익 없는, 수지가 맞지 않는

8 The farewell party for the former vice president _____ held last week at the Placia Hotel.

(A) is   (B) will be
(C) was (D) is being

▶해석

전 부사장을 위한 송별 파티가 지난주에 플라시아 호텔에서 개최됐다.

▶문장 구조 분석

party be + held 또는 party will take place 구문으로 쓸 수 있다.
    farewell party 송별 파티
    former vice president 이전 부사장

9 The new engineering project _____ carried out as soon as enough funds are raised through a joint venture.

(A) had been   (B) has been
(C) will be   (D) would be

▶해석

합작투자회사를 통해 충분한 자금이 확보되는 대로 그 새로운 토목 사업이 시행될 것이다.

▶문장 구조 분석

주어(the new engineering project) 동사구(---

carried out) +시간을 나타내는 접속사(as soon as) + 주어 + 동사 구조이다.

as soon as는 ' ~하자마자'라는 의미를 가진 접속사고 종속절의 시제가 현재이므로 주절의 시제는 현재 또는 미래가 가능하다. 의미상 프로젝트는 시행되다'는 수동의 뜻이므로 수동태가 적합하다. 시제와 수동태가 다 반영된 적합한 답은 will be carried이다.

engineering project 토목 사업
carry out 실행[실시]하다
raise (자금 등을) 모으다, 확보하다
a joint venture 합작투자회사

---

10 The Moore Landmark Society has asked that city council members _____ the demolition of the historic library.

(A) reconsider

(B) to reconsider

(C) reconsidering

(D) reconsidered

▶해석

무어 랜드마크 협회는 시의회 의원들에게 역사적으로 중요한 도서관을 파괴하는 것에 대해 재고해달라고 요청했다.

▶문장 구조 분석

주어(the Moore Landmark Society) 동사구(has asked) + 목적어(that city council members) + 목적격 보어 _____(to 부정사) 구조의 5형식 사역동사 구문이다. ask 동사는 목적어 다음 목적격 보어로 to 부정사를 취한다.

시제는 현재완료(have + p.p.)이다. consider 의 목적어로 the demolition of ~가 쓰였다.

ⓔ Sentence Building HW

1. 모든 사람은 오래 살기를 기원한다.
   Every man wishes to live a long life.

2. 물리학은 공부하기 어려운 과목이다.
   Physics is hard to study.

3. 부자들은 가난한 사람들을 도와야 한다.
   The rich have to help the poor.

4. 내가 함께 일한 모든 사람들은 매우 친절하다.
   All of the people I work with are very friendly.

5. 이 돈의 일부는 너의 것이다.
   Some of this money is yours.

6. 나는 존이 사무실에 왔었다는 사실을 알고 있다.
   I knew that John had come to the office.

7. 그는 일찍 오겠다고 말했었다.
   He said that he would come early.

8. 그들은 한국전쟁이 1950년에 발발했다고 배울 것이다.
   They will learn that Korean War broke out in 1950.

9. 로미오와 줄리엣은 내가 가장 좋아하는 이야기이다.
   Romeo and Juliet is my favorite story.

10. 나는 점심을 먹고 있다.
    I am having lunch.

Unit 12 Emphasis & Ellipsis(특수 구문)

ⓒ Pattern Practice HW

---

1 _____ you want to go to the dinner party, please dress for the occasion properly.

(A) That   **(B) If**
(C) Unless   (D) What

▶해석

만약에 네가 디너 파티에 가기를 원한다면 상황에 맞도록 적절하게 옷을 입어라.

▶문장 구조 분석

If 주어 + 동사, 명령문으로 구성된 조건을 나타내는 가정법 현재 문장이다.

occasion 경우, 상황

properly 적절하게

---

2 No sooner had the decision been made _____ they expressed their surprise as it was not the decision they had expected.

(A) should   (B) which
(C) that   **(D) than**

▶해석

그들이 예상했던 결정이 아니었기 때문에 그 결정이 이루어지자마자 그들은 놀라움을 표현했다.

▶문장 구조 분석

no sooner A than B ' ~하자마자'의 의미를 가진 관용적인 표현이다.

no sooner + the decision had been made +

than+ 주어 + 동사 구조의 문장이다. 그러나 부정어가 맨 앞에 나오므로 주절에서 주어 동사 도치가 일어난다.

---

3 Mr. Kim's sales team may work at our exhibit booth at the weekend trade show ____ additional staff be needed during the event.

(A) while   (B) during
(C) should   (D) in addition

▶해석

행사 기간에 추가로 직원이 필요하다면, 잭슨 씨의 영업팀이 주말 무역 박람회의 우리 전시 부스에서 일할 수 있다.

▶문장 구조 분석

주어(Mr. Kim's sales team) + 동사구(may work) + 부사구, if 주어(additional staff) + 동사구(be needed) + 부사구 구조의 조건을 나타내는 가정법 현재 문장이다. if 대신 should가 쓰인 경우이다.

---

4 ____ the recruiting team received more responses from the online job posting, the candidate selection process would have lasted longer.

(A) Had   (B) Instead of
(C) Except   (D) Whether

▶해석

채용팀이 온라인 채용 공고에서 더 많은 회신을 접수했더라면, 지원자 선발 과정이 더 오래 지속되었을 텐데.

▶문장 구조 분석

If + 주어 + had received + 목적어, 주어 + would have lasted + longer.

과거에 못한 일에 대한 후회를 나타내는 가정법 과거완료 문장이다. if가 생략되면서 had가 문장 맨 앞으로 나와 주어 동사 도치가 일어난 경우이다.

▶문장 구조 분석

Not only 주어 + 동사, but also 주어 + 동사 구조의 문장이다. 부정어 not only가 문장 앞에 나오자 주어 동사 도치가 일어났다. but이 생략되면서 도치는 일어나지 않았고 also가 be동사 뒤에 온 경우이다.

---

5 ___ have market conditions been more ideal for buying a new house.

(A) Seldom   (B) Ever

(C) Appropriately   (D) Moreover

▶해석

신규 주택을 구입하기에 시장 상황이 이렇게 좋았던 적은 거의 없었다.

▶문장 구조 분석

Market conditions have never been more ideal for~ 구조의 문장이다. '거의 ~하지 않다'는 의미를 가진 부정어 seldom이 문장 앞으로 나오면서 도치가 일어났다.

---

6 ___ is Hideko Yamamura a widely published poet, she is also an accomplished painter and sculptor.

(A) Not only   (B) While

(C) If   (D) Due to

▶해석

히데코 야마무라씨는 작품이 널리 출간된 시인일 뿐 아니라 뛰어난 화가이자 조각가이다.

---

7 Ms. Kim will not be able to attend the sales presentation, and _____ will Mr. Anderson.

(A) also   (B) however

(C) now   **(D) neither**

▶해석

김 씨는 제품 소개에 참석할 수 없는데, 앤더슨 씨 역시 참여할 수 없을 것이다.

▶문장 구조 분석

neither는 '둘 다 아니다'는 의미의 부정어이다. neither + 동사 + 주어 도치가 일어난 경우이다.

---

8 ___ Mr. Kim not out of town on a business trip, he would lead today's training session for the new employees.

(A) In fact   (B) Whereas

(C) Only   **(D) Were**

▶해석

김 씨가 출장을 가지 않는다면 그가 새로운 사원들을 위한 오늘 연수교육을 이끌 텐데.

▶문장 구조 분석

If 주어 + were not out of town, 주어 + would

lead ~ 구조의 현재 사실의 반대를 나타내는 가정법과거 문장이다. 주절의 동사가 'would + 동사원형' 이므로 이를 힌트로 if절 문장이 가정법 과거임을 알 수 있다. if가 생략되면서 주어와 동사가 도치되었다 그 결과 were가 문장 맨 앞에 나오게 된 경우이다.

---

9 ___ is Mr. Kim the award-winning head chef at the Plazia Hotel, but he is also an author of four popular cookbooks.

(A) Not only   (B) So
(C) In case   (D) Either

▶ 해석

김 씨는 수상 경력이 있는 Prazia 호텔의 주방장일 뿐 아니라 인기 있는 요리책 4권의 저자이기도 하다.

▶ 문장 구조 분석

Not only 주어 + 동사, but also 주어 + 동사 구조의 문장이다. 부정어 not only가 문장 앞에 나오자 주어 동사 도치가 일어났다. but also를 따로 떼어 쓰고 also가 be동사 뒤에 온 경우이다.

---

10 Mr. Kim is not available at the time the work crew is scheduled to arrive, and ___ is Mr. Lee.

(A) so   (B) also
(C) neither   (D) yet

▶ 해석

김 씨는 작업반원들이 도착하기로 예정된 시간에 시간이 나지 않으며, 이 씨도 마찬가지이다.

▶ 문장 구조 분석

neither는 '둘 다 아니다'는 의미의 부정어이므로 neither가 문장 앞으로 나오면서 동사 주어 도치가 일어난 경우이다.

ⓔ Sentence Building HW

1. 케이티가 어제 가게에서 샀던 것은 바로 CD였다.

It was the CD that Kate bought at the store yesterday.

2. 우리 아들은 햄버거를 전혀 좋아하지 않는다.

My son doesn't like hamburger at all.

3. 나는 책 두 권을 다 읽은 것은 아니다.

I didn't read both of the books.

4. 반짝이는 모든 것이 금은 아니다.

All that glitters is not gold.

5. 그는 한마디도 하지 않았다.

Not a single word did he say.

6. 그는 그녀가 오리라고는 전혀 생각하지 못했다.

Little did he dream that she would come.

7. 그녀는 10시까지 학교에 오지 않았다.

Not until 10 o'clock did she come to school.

8. 만약 그가 부자였다면 그는 집을 살 수 있었을 텐데

Had he been rich, he would have bought a house.

9. 어떤 학생들은 수학을 좋아하고 어떤 학생들은 영어를 좋아한다.

Some students like math, and others English.

10. 주디는 내가 너를 좋아하는 것보다 더 너를 좋아한다.

Judy likes you better than I.

Unit 13 Conjunction(접속사)
ⓒ Pattern Practice HW

1 Please notify us in advance ____ there is any danger connected with the samples or with handling of the samples.

(A) whereas   (B) so that

(C) since   **(D) in case**

▶해석

샘플 또는 샘플을 취급하는 것과 관련해서 어떤 위험이 있는 경우, 우리에게 먼저 알려주시기 바랍니다.

▶문장 구조 분석

주어가 생략된 명령문 + 동사(notify) + 목적어 , ____ there is + 주어 구조로 이루어진 문장이다. 앞 문장과 뒷 문자에 2개의 동사가 있으므로 뒷 문장의 빈칸은 종속절을 이끄는 접속사가 들어가야 한다. 의미상 '~하는 경우에'가 적합하다.

notify 알리다

2 ____ no further objections are raised, we will consider the matter completely settled.

(A) As if   **(B) Provided**

(C) Depending on   (D) In summary

▶해석

더 이상의 반대 의견들이 제기되지 않는다면, 우리는 문제가 완전히 해결된 것으로 여기겠습니다.

▶문장 구조 분석

____ 주어 + 동사, 주어 + 동사 + 목적어 구조의

문장이므로 빈칸은 접속사가 되어야 한다. 그러므로 전치사구 (C)나 부사구 (D)는 제외한다. 의미상 '만약 ~하지 않는다면'이 적합하고 if가 쓰일 수 있다. 이 문장에서는 provided가 if 뜻으로 쓰였다.

provided (that) ~ ~라는 전제 하에
raise objections 반대 의견을 제기하다

추가적인 간호 인력들을 채용하려 했다.

▶**문장 구조 분석**

___ there was 주어, 주어 + 동사 구조이므로 빈칸은 부사절을 이끄는 접속사가 들어가야 한다.

rise in ~에 있어서의 상승

---

3 Representatives of Strong Steel will remain in West Virginia ___ the company can be of help to the local authorities.

(A) whether   (B) soon
(C) in order   **(D) as long as**

▶**해석**

스트롱철강 회사의 대표부는 회사가 현지 지역 당국자들에게 도움이 될 수 있는 한 웨스트버지니아에 머무를 것이다.

▶**문장 구조 분석**

주어 + will remain + in ~ ___ 주어 + 동사 구조이므로 부사절 접속사가 들어가야 적합하다. 의미상 '~하는 한'이 어울리므로 조건의 접속사 as long as가 적합하다.

representatives 대표부

---

4 ___ there was a rise in the number of abandoned children, the state tried to recruit some additional nurses.

(A) In spite that   **(B) Since**
(C) Due to   (D) So

▶**해석**

버려진 아동들의 수가 늘었기 때문에, 주에서는

---

5 Workers should always be reminded that ___ foods are wrapped with extreme care, they could decay in transit.

(A) in case   (B) considering
(C) so that   **(D) unless**

▶**해석**

직원들은 음식이 극도의 주의를 기울여 포장되지 않으면 운송 중에 상하거나 또는 썩기조차 한다는 것을 항상 유념해야 한다.

▶**문장 구조 분석**

주어 + should be reminded + 목적어(that~) 구조로 이루어진 문장이다. that절이 목적어로 쓰였다. that ~ 이하 절에서 동사가 2개가 나오므로 빈칸을 포함한 문장은 접속사가 이끄는 부사절이어야 한다. 의미상 '~하지 않으면'이 적합하다.

decay 부패하다
in transit 운송 중에

---

6 ___ the project division accepted bids from most of the would-be suppliers, we especially favor those from financially sound companies.

(A) Except   **(B) While**
(C) Whether   (D) So

▶해석

프로젝트 부서에서는 공급업체가 되려는 대부분으로부터 입찰을 받았지만, 우리는 재정적으로 튼튼한 회사로부터의 입찰을 특히 선호한다.

▶문장 구조 분석

_____ 주어 + 동사 (accepted) + 목적어(bids from~), 주어 + 동사(favor) 목적어(those from ~) 구조이므로 부사절 접속사가 와야 한다. 의미상 '~하는 반면에'가 적합하다. those 는 bids를 받는 대명사이다.

sound 튼튼한

---

7 The federal government should do more to solve the nation's problems ____ it means higher taxes on its people.

(A) in spite of   (B) whether

(C) in case   (D) whereas

▶해석

연방정부는 그것이 국민들에게 더 많은 세금을 부과하는 것을 의미할 지라도 국가의 문제들을 해결하기 위해 더 많은 일을 해야 한다.

▶문장 구조 분석

주어 + should do to ~, ___ 주어 + 동사 구조이므로 빈칸은 부사적 접속사가 필요하다. 의미상 '~하는 경우에'가 적합하다.

tax on ~ ~에 대한 세금

---

8 The orders that we requested last month will arrive ____ on Wednesday or Thursday.

(A) both   (B) at

(C) either   (D) neither

▶해석

지난 달 우리가 요청했던 주문품들은 수요일이나 목요일 중 어느 한 날짜에 도착할 것이다.

▶문장 구조 분석

either A or B 구조이다. 원래 문장은 either on Wednesday or (on) Thursday인데 전치사가 반복되므로 생략되었다.

---

9 Neither our company ____ the industry as a whole has fully recovered from the recent downturn.

(A) but   (B) and

(C) or   **(D) nor**

▶해석

우리 회사와 업계 전반에 걸쳐 최근의 하향세로부터 완전히 회복하지는 못 했다.

▶문장 구조 분석

neither A nor B 'A도 아니고 B도 아니다'는 의미이다.

주어(neither A nor B as a whole) + 동사구(has recovered) + 전치사구 구조의 문장이다.

downturn 하향세

---

10 There is a site that prides itself on not only having the lyrics to all the famous music, ____ an explanation of song's meaning.

(A) and   **(B) but**

(C) nor   (D) therefore

▶ 해석

모든 유명한 곡들에 대한 가사를 보유하고 있을 뿐 아니라 노래의 의미까지 설명하는 것에 대해 스스로 자부하는 어떤 사이트가 있다.

▶ 문장 구조 분석

not only A(having the lyrics to all the famous music), but (also) B(an explanation of~) 구조의 문장이다.

pride oneself on ~에 대해 스스로 자부하다

Ⓔ Sentence Building HW

1. 나는 수영하러 갔다. 왜냐면 온도가 너무 높았기 때문에.

I went to swimming, for the temperature was really high.

2. 그녀가 새집을 좋아할지 아닐지는 나에게 분명하지 않다.

Whether she likes the new home is unclear to me.

3. 문제는 그녀가 집에 돌아올지 말지이다.

The problem is whether she will come back home.

4. 아침 먹은 후에 양치질을 해라.

Brush your teeth after you eat breakfast.

5. 내가 방에 있었기 때문에 문에 노크하는 소리를 들었다.

I heard the knock on the door as I was in the room.

6. 학교가 끝나자마자 나는 버스로 뛰어갔다.

As soon as school is finished, I ran into the bus.

7. 나는 새로운 장소를 방문할 때마다 사진을 찍는다.

I took a picture each time I visited new place.

8. 그녀가 우산을 가져오지 않는 한 그녀는 젖을 것이다.

Unless she brings an umbrella, she will get wet.

9. 나는 집에 머무르기 위해 내 방을 청소했다.

I cleaned my room in order that I could stay at home.

10. 나는 영화 보는 것을 좋아한다. 예를 들면 지난 주말에 조커를 보았다.

I like watching movies. For example I watched Joker last weekend.

Unit 14 Modal Auxiliary(조동사)
ⓒ Pattern Practice HW

1 With this state-of-the-art device, you have access to all your important files from your office to you ___ you may be.

(A) whenever   (B) whatever
(C) wherever   (D) however

▶해석

이 최첨단 장치를 사용하면 네가 어디에 있을지라도 사무실에서 너에게로 모든 중요한 파일에 접근할 수 있다.

▶문장 구조 분석

you have access to files from A to B where 주어 + 동사 구조의 3형식 문장이다. access to는 '~에 접근할 수 있다. 면회할 수 있다'의 의미를 가지고 이때 to는 전치사로 쓰였다. 뒤에 나온 to는 from A to B 구조에서 나왔다.

where 대신 wherever 가 쓰였다.

state-of-the-art 예술적 경지의/ 최첨단의

2 The person or team _____ research paper is ranked in the top two will receive an additional cash of $300.

(A) that   (B) which
(C) who   **(D) whose**

▶해석

연구 논문이 상위 2위 안에 드는 사람이나 팀은 추가로 300달러의 현금을 받게 된다.

▶문장 구조 분석

주어(the person or team ~) + 동사(will receive) + 목적어(cash) 구조의 3형식 문장이다. 선행사(the person or team) + 소유격 관계대명사(whose) + research paper 구조이다. 선행사와 관계대명사 뒤에 나오는 명사와의 관계가 소유이므로 whose를 쓴다.

be ranked in ~에 등록되다

3 As the number of local people's visits to city hall climbs, ____ the demand for government service to operate it.

(A) as long as   (B) whereas
(C) so does   (D) as to

▶해석

시청을 방문하는 현지 사람들의 수가 늘어 갈수록 시청을 운영하기 위한 공무원들의 서비스에 대한 요구는 늘어난다.

▶문장 구조 분석

As + 주어(the number of~) + 동사(climbs), ____ 주어(the demand) 구조의 문장이다. 주절의 동사가 빈칸 안에 들어가야 한다는 것을 알 수 있다. 원래 문장은 'As 주어 + 동사(climb), so 주어 + 동사(climb)' 구조다. '~ 가 ~ 함에 따라 ~ 가 ~ 한다'의 의미를 가진다. climb 대신 대동사 do가 쓰인 것을 알 수 있다. so가 쓰일 때는 도치가 일어나서 'so + 대동사 + 주어' 순서가 된다. 이 문장을 간략하게 다시 쓰면 As the number climbs, the demand climbs.

4 Daemin Food Company has attributed its recent popularity with consumers to changes in its recipes ____ its new packaging.

(A) as far   (B) even so
(C) rather than   (D) after all

▶해석

대민 푸드 사는 최근 소비자들에게 인기가 높은 이유로 새로운 포장보다는 조리법의 변화를 꼽았다.

▶문장 구조 분석

attribute A to B 구조는 'A를 B 때문이라 여기다'는 의미를 갖는다. A는 결과를 일컫고 B는 원인이다.

주어(Daemin Food Company) + 동사(has attributed) + 결과(its recent popularity with consumers) + to + 원인(A rather than B)

---

5 This guarantees ＿＿ in two working days and also requires a signature at the point of delivery.

(A) delivering   **(B) delivery**
(C) delivered   (D) deliverable

▶해석

이것은 2 영업일 내 배송이 보장되고, 또한 배송 시점에서 서명이 필요하다.

▶문장 구조 분석

주어(this) + 동사(guarantees) + 목적어 구조로 guarantee 동사는 반드시 목적어가 필요하다. 그러므로 목적어 자리에 명사가 온 경우이다.

---

6 Buyers should consult other sources

of information to evaluate the ＿＿ of systems they are considering purchasing.

(A) performance   (B) performing
(C) performed   (D) perform

▶해석

구매자는 구매를 고려하고 있는 시스템의 성과를 평가하기 위해서 다른 정보 출처를 찾아봐야 한다.

▶문장 구조 분석

the 명사 of 주어 + should consult + 목적어 + to evaluate ~ systems (that) they ~ 구조로 system과 they 사이에는 관계대명사 that이 생략된 형태이다.

---

7 All reservation are subject to ＿＿ if payments are not received by the due date.

(A) be cancelled   (B) cancel
(C) cancellation   (D) canceling

▶해석

만약 납기일까지 지급을 받게 되지 못하면, 모든 예약은 취소되기 마련이다.

▶문장 구조 분석

be subject to + 명사 구조의 문장이다. '현재 ~ 하기 마련이다'는 의미가 있다. 이때 to는 전치사로 쓰였다.

---

8 It is ＿＿＿＿ to hear that our sales department has started to purse overseas markets aggressively.

(A) encourage   (B) encourages

(C) encouraged   **(D) encouraging**

▶ 해석

우리 영업부가 해외 시장을 공격적으로 공략하기 시작했다는 소식을 들은 것은 고무적이다.

▶ 문장 구조 분석

It(가주어) + 동사(is) + 보어 + to ~(진주어)로 구성된 문장이다. 주어와 보어의 관계가 능동이므로 현재분사가 쓰인 경우이다. 진주어에 해당하는 to ~ 이하 절에서는 that + 주어(our sales department) + 동사구(has started to purse) + 목적어(overseas markets) + 부사(aggressively)로 구성되어 있다.

---

9 Only after the city built a new stadium did the downtown area ___ popular with out-of-town tourists.

(A) become   (B) became

(C) becoming   (D) has become

▶ 해석

그 도시가 새 경기장을 지은 후에야 도심 지역이 타지에서 온 관광객에게 인기를 끌게 되었다.

▶ 문장 구조 분석

부사절(only after the city built a new stadium) +조동사(did) + 주어(the downtown area) 구조로 이루어진 문장이다. Only가 이끄는 부사절이 문장 맨 앞으로 나가면서 조동사 did와 주어의 도치가 일어난 경우이다. 조동사 + 동사원형이므로 빈칸에는 동사원형이 적합하다.

---

10 The employee handbook explains ___ new employees need to know regarding company benefits.

(A) which   (B) where

(C) how   **(D) what**

▶ 해석

직원 안내서는 회사의 복지와 관련해서 신입사원들이 알아야 할 사항들을 설명한다.

▶ 문장 구조 분석

주어 + explains + ___ 주어+ 동사 구조의 문장이다. explain 동사는 목적어를 가지는 완전타동사이므로 빈칸을 포함한 절이 목적어가 되는 명사절이어야 한다. 선행사가 없으므로 선행사를 포함한 관계대명사 what이 적합하다.

Ⓔ Sentence Building HW

1. 나는 그것이 사실이라고 생각한다.
   I think it can be true.

2. 너 혼자 거기 갈 수 없어.
   You can't go there alone.

3. 그들은 그것을 그들 스스로 할 수 없었다.
   They were not able to do it by themselves.

4. 그녀는 그녀 자신을 돌볼 수 있을 것이다.
   She will be able to take care of herself.

5. 그는 오늘 밤 떠나지 않을지도 몰라.
   He may not leave tonight.

6. 그녀는 그녀 나라에서 유명한 코미디언일지도 몰라.

She might be a famous comedian in her country.

7. 다른 사람을 죽여서는 절대 안 된다.
   You must not kill other people.

8. 나는 부모님을 위해서 저녁 식사를 준비해야 한다.
   I have to prepare dinner for my parents.

9. 학생들은 학기가 끝나기 전까지 수업 듣는 것을 마치는 것이 요구된다.
   It is required that students finish taking their classes before the end of the semester.

10. 그 보고서는 여자애들이 남자애들보다 더 앞선다고 암시한다.
    The report suggests that the girl outperforms the boy.

문장 구조 분석을 통한 탄탄 기초 영문법

초판 1쇄 발행일 2020년 8월 31일

지은이 이정아
펴낸이 박영희
편집 박은지
디자인 최소영
마케팅 김유미
인쇄·제본 제삼인쇄
펴낸곳 도서출판 어문학사
　　　　서울특별시 도봉구 해등로 357 나너울카운티 1층
　　　　대표전화: 02-998-0094 / 편집부1: 02-998-2267, 편집부2: 02-998-2269
　　　　홈페이지: www.amhbook.com
　　　　트위터: @with_amhbook
　　　　페이스북: www.facebook.com/amhbook
　　　　블로그: 네이버 http://blog.naver.com/amhbook
　　　　　　　　다음 http://blog.daum.net/amhbook
　　　　e-mail: am@amhbook.com
　　　　등록: 2004년 7월 26일 제2009-2호
ISBN 978-89-6184-960-9 (13740)
정가 16,000원

이 도서의 국립중앙도서관 출판예정도서목록(CIP)은 서지정보유통지원시스템 홈페이지
(http://seoji.nl.go.kr)와 국가자료종합목록 구축시스템(http://kolis-net.nl.go.kr)에서 이
용하실 수 있습니다. (CIP제어번호 : CIP2020034940)